Karl Maly

Neue Lektorenschule

Biblische Grundlagen
Praktische Übungen

Herder Freiburg · Basel · Wien

Völlig überarbeitete Neuausgabe

Umschlaggestaltung: Finken & Bumiller, Stuttgart
Umschlagfoto: Ferdinand Neumüller, Klagenfurt

Satz: Fotosatz Otto Gutfreund GmbH, Darmstadt.
Herstellung: Freiburger Graphische Betriebe 1999
Gedruckt auf umweltfreundlichem,
chlorfrei gebleichtem Papier
ISBN 3-451-27041-2

Inhalt

Da sagte er: Verstehst du auch,
was du da liest?
Jener antwortete: Wie könnte ich es,
wenn mich niemand anleitet?
Apostelgeschichte 8,30.31

Vorwort zur Neubearbeitung

In den letzten Jahren ist die Funktion des Lektors, die im christlichen Gottesdienst von jeher einen besonderen Stellenwert hat, zunehmend von Laien übernommen worden. Das ist auch richtig und zu begrüßen, weil jeder Christ vollgültiges Glied der Glaubensgemeinschaft ist und zu ihrem Leben etwas beitragen kann und soll. Kein Geringerer als der Apostel Paulus spricht jedem einzelnen, der durch Glaube und Taufe zur Gemeinde gehört, prinzipiell das Recht zu, bei der Versammlung der Gemeinde zum Gottesdienst nicht nur passiv dabeisein, sondern in einem echten Sinne auch aktiv mittun zu können.

Trotzdem darf nicht jeder Beliebiges tun. Darauf legt der Apostel sogar besonderen Wert. Der Lektorendienst – wie jede andere Funktion in der Gemeinde – kann und soll darum auch nicht beliebig übertragen werden. Um ihn verantwortungsvoll und sachgerecht auszuüben, bedarf es neben einer gewissen Begabung für den sprachlichen Ausdruck eines Mindestmaßes an Ausbildung und Vorbereitung. Diesem Zweck soll diese kleine Schrift dienen. Sie geht dabei in vier Schritten vor:

1. Um dem- oder derjenigen, die sich diesem Dienst in der Gemeinde widmen will, eine solide Grundlegung zu bieten, soll der Lektor oder die Lektorin sich der überragenden Bedeutung der Texte bewußt werden. Dazu gehört auch eine zuverlässige Orientierung über den Umfang und die literarische Eigenart der biblischen Schriften des Alten und des Neuen Testaments.

2. Wer biblische Texte der Gemeinde vorträgt, soll sich seiner Rolle bewußt werden. Er oder sie ist nicht weniger als ein Herold von Gottes Wort.

3. Praktische Hinweise zur eigenen phonetischen Schulung und zur Vertrautheit mit den Grundregeln der Vortragstechnik stellen keinen überflüssigen Firlefanz dar, sondern sind von der Würde des Wortes Gottes und der hörenden Gemeinde geboten.

4. Praktische Übungen zum Vortrag ausgewählter Schrifttexte, die aus allen in Frage kommenden Büchern der Bibel entnommen sind, sollen den Lektor oder die Lektorin in den Stand setzen, auf dieser Grundlage selbständig weiterzuarbeiten, um auch andere biblische Texte für den Vortrag vorzubereiten. In der Neubearbeitung wurden diese Texte graphisch neu gestaltet.

Diese Schrift ist bestimmt für die Hand aller, die sich ehrenamtlich dem Lektorendienst widmen. Aber auch jenen, die neben- oder hauptberuflich mit der Verkündigung zu tun haben, kann sie eine wertvolle Hilfe bieten. Sie ist so konzipiert, daß sich jeder im Selbstunterricht schulen kann, wenn auch der kritische Zuhörer zur Korrektur letztlich unentbehrlich ist. Letztgenannte Funktion könnten am besten Liturgiekreise ausüben. Eine systematische Lektorenschulung in Pfarreien oder Pfarrverbänden wäre der ideale Rahmen für die Heranbildung von Gliedern der Gemeinde, die das Wort Gottes nicht nur verständig, sondern ihr auch verständlich vortragen.

Rodenbach, am Fest
der Auferstehung des Herrn 1999 *Karl Maly*

1. Kapitel

Der Text aus der Bibel – mehr als nur eine »gute Nachricht«

Die Textabschnitte, welche in der Liturgie zur Sprache kommen, sind den Büchern des Alten oder des Neuen Testaments entnommen. Sie erheben Anspruch auf eine besondere Autorität, weil sie sich als Offenbarung, als Gottes Wort in eigentlichem Sinne verstehen. Bei den neutestamentlichen Lesungen wird uns das besonders bewußt; sie enthalten die Verkündigung Jesu – wenn auch im Sprachkleid einer vergangenen Zeit – für Menschen in einem bestimmten geschichtlichen Zusammenhang.

Es hat sich darum in vielen Ländern eingebürgert, daß der Vortrag biblischer Textabschnitte in der Liturgie mit der Formel *»Wort Gottes«* oder *»Wort des lebendigen Gottes«* abgeschlossen wird. Damit soll die Besonderheit und einzigartige Würde der zu Gehör gebrachten Lesungen hervorgehoben werden. Die angesprochene Gemeinde, nicht minder der vortragende Lektor, soll aufhorchen und sich bewußt machen, daß nicht Belangloses oder Beiläufiges, selbst nicht bloß für den Alltag Wichtiges, sondern schlechthin für das Schicksal des Menschen Entscheidendes zur Sprache kam. Darum muß unsere Überlegung davon ausgehen, was »Wort Gottes« überhaupt bedeutet.

1.1 Was heißt »Wort Gottes«?

Der Begriff »Wort Gottes« entstammt wörtlich der Bibel. Er ist gleichbedeutend mit dem öfter gebrauchten Ausdruck »Wort des Herrn«. Gelegentlich bevorzugen nämlich die alttestamentlichen Schriften den orientalischen Königstitel »Herr« als Bezeichnung Gottes.

Allen semitischen Sprachen ist es eigen, daß sie den Begriff »Wort« nie als bloße neutrale »Mitteilung« verstehen. Für sie bedeutet »Wort« Willensbekundung, mehr noch, gegenwärtig setzen der bezeichneten Sache. Wer »Baum«, »Löwe«, »Mensch«, »König« ausspricht, bringt die angesprochene Sache oder Person gewissermaßen in die Wirklichkeit. Das beste Beispiel für diese Auffassung finden wir in der Schöpfungsgeschichte im 1. Kapitel der Genesis. Siebenmal heißt es dort »und Gott sprach, es werde ...« und das, was Gott benennt, tritt in die Realität, wird zu handgreiflicher Wirklichkeit.

Wenn wir uns diesen Bedeutungshorizont klarmachen, verstehen wir, daß »Wort Gottes« mehr ist als eine unverbindliche Mitteilung, mehr als eine wenn auch gute »Nachricht«, ein bloßer Kommunikationsvorgang. Gott offenbart vielmehr verständlich und verbindlich seinen Willen – etwa im Dekalog, dem Grundgesetz der Zehn Gebote (Ex 20,1–17; Dt 5,6–18); ja, er verwirklicht das, was er den Menschen zuspricht. »Darum schlage ich drein durch die Propheten, ich töte sie durch das Wort meines Mundes. Dann leuchtet mein Recht auf wie ein Licht« heißt es bei Hosea 6,5. Noch deutlicher erscheint dieser Sachverhalt bei Jeremia 5,14: »Darum – so spricht der Herr, der Gott der Heere: Weil man solche Reden führt, seht, darum mache ich meine Worte in deinem Mund zu Feuersglut und dieses Volk da zu Brennholz, das von ihr verzehrt wird.« An anderer Stelle sagt der gleiche Prophet: »Ist nicht mein Wort wie Feuer – Spruch des Herrn – und wie ein Hammer, der Felsen zerschmettert?« (Jer 23,29).

Die Propheten, die in einem besonderen Sinne in den Dienst des Wortes Gottes berufen sind und sich darum als Verkünder von Gottes Willen begreifen, haben realen Anteil an der Funktion des »Wortes«, so wie wir es beschrieben haben. Unübertroffen plastisch drückt das Jesaia aus: »Er machte meinen Mund zu einem scharfen Schwert, er verbarg mich im Schatten seiner Hand. Er machte mich zum spitzen Pfeil und steckte mich in seinen Köcher« (Jes 49,2).

Auf diese Weise greift Gott durch sein wirkmächtiges Wort in das Geschick seines Volkes ein, aber auch in das Schicksal jedes einzelnen Menschen, der sich dem Wort Gottes öffnet.

Gottes Wort ist also immer etwas Besonderes, weit abgehoben vom Geschwätz der Menschen. Es erreicht eine Würde und Erhabenheit, die Menschenworten schlechterdings versagt ist. Darum charakterisiert die Bibel das Wort Gottes als Quelle der Weisheit (Sir 1,5), vor allem aber ist es unabänderlich und unwandelbar, dem Wankelmut und der Mehrdeutigkeit menschlicher Worte enthoben. »Das Gras verdorrt, die Blume verwelkt, doch das Wort unseres Gottes bleibt in Ewigkeit« (Jes 40,8). Es ist absolut verläßlich und in einem unbedingten Sinne wahr. So bekennt David: »Ja, mein Herr und Gott, du bist der einzige Gott, und deine Worte sind wahr« (2 Sam 7,28).

Die Schriften des Neuen Testaments nehmen diesen Sprachgebrauch des Alten auf und führen ihn weiter. Als »Wort Gottes« gelten den Evangelisten nicht nur die in den Schriften des Alten Testaments überlieferte Offenbarung Gottes (vgl. Mt 15,6) sondern – wie schon vordem Paulus – die von Jesus verkündete und verwirklichte Freudenbotschaft von der Rettung der Menschen, die jetzt christliche Verkündiger weitertragen. An die von ihm gegründete erste Gemeinde auf europäischem Boden schreibt Paulus: »Die meisten der Brüder sind durch meine Gefangenschaft zuversichtlich geworden im Glauben an den Herrn und wagen um so kühner, das Wort Gottes furchtlos zu sagen« (Phil 1,14). Über die Lauterkeit seiner eigenen Bemühungen, die Botschaft von Jesus Christus zu verbreiten, bekennt der Apostel an anderer Stelle: »Wir sind jedenfalls nicht wie die vielen anderen, die mit dem Wort Gottes ein Geschäft machen. Wir verkünden es aufrichtig und in Christus, von Gott her und vor Gott« (2 Kor 2,17).

Unter den Evangelisten nimmt insbesondere Lukas diesen Gedanken auf. Für ihn ist »Wort Gottes« zunächst die Predigt Jesu (Lk 5,1; 8,21), dann aber schlechthin die christliche Glaubensbotschaft. Ihrer Verbreitung widmen sich, getrieben vom Heiligen Geist, in erster Linie die Apostel. Sie kennen nur mehr die eine Aufgabe, »freimütig das Wort Gottes zu verkünden« (Apg 4,31).

Im Johannesevangelium, das sich bereits dezidiert mit der Tatsache auseinandersetzt, daß mit den führenden Schichten der überwiegende Teil der Juden die Predigt von Jesus als dem Sohn Gottes, dem Messias seines Volkes und dem Erlöser aller Menschen, auf entschiedene Ablehnung stieß, erklärt das auch mit den gleichen Begriffen: »Wer aus Gott ist, hört Gottes Worte; ihr hört sie deshalb nicht, weil ihr nicht aus Gott seid« (Jo 8,47).

Die »Diener des Wortes« (Lk 1,2) sind aber keineswegs nur Übermittler einer empfangenen Lehre; sie haben vielmehr Teil am Werk der Erlösung, indem sie ihre heilbringende Wirklichkeit verkünden. Daher kann Paulus sagen: »Ich diene der Kirche durch das Amt, das Gott mir übertragen hat, damit ich euch das Wort Gottes in seiner Fülle verkündige, jenes Geheimnis, das seit ewigen Zeiten und Generationen verborgen war. Jetzt wurde es seinen Heiligen offenbart; Gott wollte ihnen zeigen, wie reich und herrlich dieses Geheimnis unter den Völkern ist: Christus ist unter euch. Er ist die Hoffnung auf Herrlichkeit. Ihn verkünden wir, wir ermahnen jeden Menschen und belehren jeden mit aller Weisheit, um dadurch alle in der Gemeinschaft mit Christus vollkommen zu machen. Dafür kämpfe ich unter vielen Mühen; denn seine Kraft wirkt mit großer Macht in mir.« (Kol 1,25–29).

1.1.1 Die Autorität von Gottes Wort in der alten Kirche

Seit frühester Zeit kommt dem schriftlichen Zeugnis von Gottes Offenbarung besondere Autorität zu. Das gilt sowohl für die heiligen Schriften der Juden, die wir Altes Testament zu nennen gewohnt sind, als auch für die Predigt Jesu, wie sie uns aus dem Bekenntnis der Apostel und ihrer Schule entgegentritt.

Während der ersten Jahrhunderte nach dem Tode Jesu genossen in der sich bildenden christlichen Kirche die alttestamentlichen Bücher unvermindert höchstes Ansehen. Sie galten unbestritten und verbindlich als Gottes Wort. Nur las man sie jetzt aus dem Glauben an Jesus Christus als Sohn Gottes und Erlöser der Welt und bezog manche Begriffe und Schilderungen direkt auf ihn. Daß die königliche Gottesbezeichnung »Herr« (Kyrios) in der griechischen Umgangssprache ebenfalls einen herrscherlichen Ton besaß und Jesus bald als Ehrentitel beigelegt wurde, erleichterte diese Übertragung.

Bald kursierten neben diesen biblischen Schriften in den christlichen Gemeinden auch die Briefe des Apostels Paulus. Noch im 1. Jahrhundert entstanden außerdem die vier Evangelien und die Apostelgeschichte. Sie gewannen im Verein mit manchen anderen Erbauungs-, Mahn- und Lehrschreiben allmählich eine ähnliche Wertschätzung, ja erhielten bald den gleichen Rang wie die eigentlichen heiligen Schriften. Enthielten sie doch das Zeugnis der Apostel, die den Herrn noch mit eigenen Augen gesehen, mit ihm Umgang gepflegt und seine Lehre vernommen hatten. Sie galten darum als Richtschnur der Verkündigung, wollten sie doch den Glauben an Jesus wecken und wachhalten. Eine Spur dieser Entwicklung finden wir am Schluß des Johannesevangeliums: »Noch viele andere Zeichen, die in diesem Buch nicht aufgeschrieben sind, hat Jesus vor den Augen seiner Jünger getan. Diese aber sind aufgeschrieben, damit ihr glaubt, daß Jesus der Messias ist, der Sohn Gottes, und damit ihr durch den Glauben das Leben habt in seinem Namen« (Jo 20,30f).

Natürlich stellten kritische Geister schon immer die Frage nach dem Grund der Verbindlichkeit biblischer Texte. Was gibt uns denn Sicherheit, daß es sich dabei wirklich um Gottes Wort handelt? Und wie kam es dazu, daß Menschen diese Worte aufnahmen, nachsprachen und letztlich schriftlich festhielten?

Bereits der griechisch gebildete und in dieser Sprache schreibende Jude Philo (ca. 15 v. Chr. bis 40 n. Chr.) versuchte darauf eine Antwort zu geben. In Anlehnung an hellenistische Vorstellungen glaubte er, daß die Schriftsteller des Alten Testaments ihre Texte in Ekstase geschrieben hätten. So hätten sie die göttliche Eingebung empfangen und aufgenommen. Dadurch waren sie auch fähig, diese in Menschenworte zu fassen.

Die Spätschriften des Neuen Testaments drücken sich allgemeiner aus. Sie führen das Festhalten von Glaubenserfahrungen in menschlichen Worten auf »Gottes Geist« zurück. »Jede von Gott eingegebene Schrift ist auch nützlich zur Belehrung, zur Widerlegung, zur Besserung, zur Erziehung in der Gerechtigkeit; so wird der Mensch Gottes zu jedem guten Werk bereit und gerüstet sein« (2 Tim 3,16f). Unzweifelbar muß der Anstoß von Gott kommen: »Niemals wurde eine Weissagung ausgesprochen, weil ein Mensch es wollte, sondern vom Heiligen Geist getrieben, haben Menschen im Auftrag Gottes geredet« (2 Petr 1,21).

Theologen der älteren Kirchengeschichte, die man üblicherweise Kirchenväter nennt, gebrauchten, um diese Vorgänge zu erklären, gerne das Bild eines Musikinstruments, einer Flöte oder einer Harfe, für den Schreiber heiliger Texte. Ihrer bedient sich Gottes Geist als Medium, um sie zu vernehmlichem Klingen zu bringen. Erst Augustinus von Hippo (354–430 n. Chr.), der größte Theologe des Abendlands, spricht von einem Diktat des Heiligen Geistes, das der Schriftsteller aufgenommen und zu Papier gebracht hat. Diese Auffassung blieb wegen des überragenden Ansehens von Augustinus für die nächsten Jahrhunderte im theologischen Denken bestimmend. Sie besagt aber nichts anderes, als daß man in der Bibel zuverlässig Gottes Wort findet.

1.1.2 Die Auffassung von der Bibel als Wort Gottes in neuerer Zeit

Die Reformatoren rückten am Beginn der Neuzeit die Bibel als Grundlage für das Verständnis und die Verkündigung des Glaubens erneut in den Mittelpunkt des Interesses. Eher unreflektiert führten sie ihren Ursprung unmittelbar auf das Wirken des Heiligen Geistes zurück, so wie es der Zweite Timotheusbrief und der Zweite Petrusbrief beschreiben. Nach ihrer Auffassung ruhte die Autorität der Schrift wie selbstverständlich in sich selbst.

Mit der im 17. Jahrhundert einsetzenden historischen Forschung lernte man aber auch die biblischen Schriften mehr und mehr als Zeugnisse bestimmter geschichtlicher Gegebenheiten verstehen. Ähnlichkeiten mit anderen Zeitzeugnissen waren unübersehbar. Da die Bibel dementsprechend manches Zeitbedingte enthalten mußte, traf man jetzt eine wichtige

Unterscheidung: Sofern die Heilige Schrift von bestimmten Ereignissen berichtet, hat sie nur historische, sofern sie das gläubige Verhalten des Menschen herausfordert, jedoch normative Geltung. Eine andere Erkenntnis setzte sich langsam durch: Nicht alles und jedes in der Bibel bezieht sich auf den Glauben und das Heil. Sie enthält aber alles, was dem Menschen zum Heile notwendig ist.

Die systematische Erforschung der biblischen Bücher setzte dann Ende des 18. Jahrhunderts ein. Sie ist eigentlich bis heute noch nicht gänzlich abgeschlossen, wenn auch inzwischen ein erhebliches Ausmaß an gesicherten Erkenntnissen vorliegt. Nachdem 1943 – mitten im Zweiten Weltkrieg – Papst Pius XII. in seinem Rundschreiben »Divino afflante spiritu« (Von Gottes Geist angehaucht) die katholischen Gelehrten ermuntert hatte und ihnen auch konkrete Anregungen gab, die Bibel wissenschaftlich zu untersuchen, beteiligten sie sich verstärkt an diesem Unternehmen.

Die Entdeckung vieler steinerner Zeugen durch die Archäologie und die immer ausführlicher werdenden Möglichkeiten des Vergleichs mit anderweitig bekannten Texten und Inschriften alter Kulturen ermöglichten jetzt eine neue Bewertung und Einordnung der Bibeltexte in einen festen historischen Rahmen. Dadurch wurde es aber auch möglich, die entscheidenden religiösen Akzente besser herauszuarbeiten. Man wurde sich bewußt, daß die Heilige Schrift kein Beweis für den Glauben ist. Sie überliefert und bewahrt uns aber über Jahrhunderte hinweg Zeugnisse der Gottesbegegnung und des Gottesglaubens. Insofern kann sie auch für uns Wort Gottes, zuverlässige Richtschnur für Glauben und Leben sein.

1.1.3 Das Zweite Vatikanische Konzil über das »Wort Gottes«

Einen gewissen Abschluß in der Beurteilung der Bibel als Gottes Wort erreichte das Zweite Vatikanische Konzil mit seiner Verlautbarung über die göttliche Offenbarung. Sie wird mit ihren beiden Anfangsworten »Dei verbum« (Gottes Wort) benannt und zitiert. Das Dokument aus dem Jahre 1965 bestätigte ausdrücklich die göttliche Autorität der Schriften, wie es der traditionellen Lehre der katholischen Kirche entspricht. »Das von Gott Geoffenbarte, das in der Heiligen Schrift enthalten ist und vorliegt, ist unter dem Anhauch des Heiligen Geistes aufgezeichnet worden. Denn aufgrund apostolischen Glaubens gelten unserer heiligen Mutter, der Kirche, die Bücher des Alten wie des Neuen Testaments in ihrer Ganzheit mit allen ihren Teilen als heilig und kanonisch, weil sie, unter der Einwirkung des Heiligen Geistes geschrieben, Gott zum Urheber haben und als solche der Kirche übergeben sind.« (Dei verbum Nr. 11). Die biblischen Schriften sind also nach Auffassung der Konzilsväter in einem buchstäblichen Sinn Gottes Wort, allerdings gekleidet in Menschenworte. Darum heißt es weiter: »Zur Abfassung der heiligen Bücher hat Gott Menschen erwählt, die ihm durch den Gebrauch ihrer eigenen Fähigkeiten und Kräfte dazu dienen sollten, all das und nur das, was er – in ihnen durch sie wirksam – geschrieben haben wollte, als echte Verfasser schriftlich zu überliefern.« (Ebd.)

Da sich aber Gott in der Heiligen Schrift durch Menschen und nach Menschenart geoffenbart hat, wies die Konstitution eindringlich darauf hin, daß zum rechten Verständnis der Bibel die in ihr versammelten vielfältigen literarischen Gattungen beachtet werden müssen. Damit anerkannte sie ein wichtiges Prinzip moderner Bibelforschung, das erst eine differenzierte Betrachtung unterschiedlicher Bibeltexte ermöglicht.

Von entscheidender Bedeutung ist vor allem der geschichtliche Kontext, in den eine Überlieferung eingebettet ist. Die biblischen Verfasser hielten ja ihre Einsichten in einer bestimmten Situation, unter ganz bestimmten kulturellen und sozialen Gegebenheiten eines geschichtlichen Augenblicks fest. Will man sie richtig verstehen, »so muß man ... genau auf die vorgegebenen umfeldbedingten Denk-, Sprach- und Erzählformen achten, die zur Zeit des Verfassers herrschten, wie auf die Formen, die damals im menschlichen Zusammenleben allgemein üblich waren« (Nr. 12). Neben der Bestimmung der literarischen Gattung eines Textes (Bericht, Erzählung, Roman, Legende, Lied, Hymnus, Spruchgut usw.) ist es darum erforderlich, den konkreten »Sitz im Leben«, aber auch den individuellen Denk- und Redestil des heiligen Schriftstellers in Betracht zu ziehen.

Die Offenbarung in der Bibel ist also mit allen sich daraus ergebenden Konsequenzen *sprachgebunden*. Zu dieser Erscheinung von Gottes Wort in Menschenworten gehört, daß es uns im Sprachkleid eines bestimmten Volkes, seiner Kultur, seinen zeitgebundenen Anschauungen, seinem Fühlen und Denken entgegentritt. Wir vermögen also das Wort Gottes in der Bibel nur zu erfassen, wenn wir zumindest grobe Vorstellungen davon haben, wie Altorientalen, wie Hebräer und Griechen gefühlt, gedacht und gesprochen haben, welche Rechtsnormen ihr Verhalten bestimmten, in welchen politischen und sozialen Verhältnissen sie lebten. Wir sollten zumindest nachempfinden können, was jene Sprache den Menschen damals mit den verwendeten Begriffen und Sprachfiguren sagen wollte. Nicht zu vergessen sind die vielen Symbolhandlungen, die in einem bestimmten kulturellen Zusammenhang stehen. Wenn man nicht weiß, was das Lösen von Sandalenbändern, das Ausziehen der Schuhe, das Füßewaschen im kulturellen Umfeld des biblischen Schriftstellers bedeutete, wird man die darauf beruhenden Bilder, Handlungen und Vergleiche nicht verstehen können.

Zu Geschichte und Kultur gehört, wie bereits mehrfach angedeutet, als wesentlicher Bestandteil die Politik. Sie bildet nicht nur den Hintergrund für zahlreiche Ereignisse. Das Handeln Gottes zeigt sich vielmehr im politischen Geschehen – etwa in der Befreiung seines Volkes aus der Fron Ägyptens. Zum politischen Geschehen tritt allerdings das deutende Wort der Propheten, welche den tieferen, göttlichen Sinn der Ereignisse dem Leser erschließen.

Zum Menschenwort gehört aber auch, daß die biblischen Schriften nicht immer hohe Literatur sind. Die Sprache und Ausdrucksweise der biblischen Verfasser ist oft genug die der Leute aus dem Volke. Augustinus, dem literarisch hochgebildeten Theologen der Spätantike, erschien das Sprachkleid der Bibel »unadelig neben Ciceros Adel«. Trotzdem schätzte er die Heilige Schrift ob ihres Inhalts und ihres unverfälschten

Zeugnisses für Gott weitaus höher als den geschliffenen Stil des römischen Schriftstellers. Zu Recht, denn sie gibt Weisung in den entscheidenden Fragen der Menschen nach dem Woher und Wohin, nach Erlösung und Heil.

Vom Lektor oder von der Lektorin soll nun gewiß nicht verlangt werden, daß sie biblische Spezialstudien betreiben. Es ist aber doch wichtig, daß sie über die heute bestehenden sicheren Grundlagen der Bibelwissenschaft soweit orientiert sind. Sie sollen wissen, worin der Anspruch der vorzutragenden Texte gründet, Wort Gottes an uns zu sein. Nur so werden sie auch fähig sein, mit innerer Beteiligung, aber auch aus tiefer Überzeugung die biblischen Lesungen der versammelten Gemeinde vorzutragen.

1.2 Die als »kanonisch« anerkannten Bücher der Bibel

Das in der Wurzel semitische Wort »Kanon« gelangte in hellenistischer Zeit (ca. 3. Jahrhundert v. Chr.) als Lehnwort in die griechische Umgangssprache. Dort nahm es die Bedeutung von »Richtschnur« oder »Verzeichnis« an. Diesen Begriff übernahmen später die unterschiedlichsten Wissensgebiete zur Bezeichnung bestimmter Sachverhalte. In der darstellenden Kunst beispielsweise gilt er seit der Renaissance als Summe idealer Proportionen insbesondere des menschlichen Körpers. In der Musik nennt man ein Stück, das nach einer einzigen Grundmelodie polyphon gesungen oder gespielt wird, ebenfalls einen Kanon. In der Bibelwissenschaft bedeutet dieses Wort das Verzeichnis derjenigen Bücher und Schriften, die als gottgewirkt allgemein anerkannt sind und daher rechtmäßig zu den Sammlungen des Alten oder des Neuen Testaments gehören.

1.2.1 Das Alte Testament

Das Judentum zur Zeit Jesu zählte 22 biblische Bücher – entsprechend den 22 Buchstaben des hebräischen Alphabets. Dabei galten die zwei Bücher Samuel, die zwei Bücher der

Könige und die zwei Bücher der Chronik jeweils als ein Buch. Darüber hinaus war das Buch Esra mit Nehemia, das Buch Rut mit dem Richterbuch zu einem verbunden. Die zwölf »kleinen« Propheten waren außerdem zu dem einen Zwölfprophetenbuch zusammengeschlossen.

Die erste umfassende Übersetzung der hebräischen Bibel mit einigen nur in griechischer Sprache überlieferten Schriften durch Hieronymus (347–420 n. Chr.), wegen ihrer allgemeinen Verbreitung im lateinischen Kulturkreis *»Vulgata«* genannt, kennt 45 alttestamentliche Bücher. Sie umfaßt alle hebräisch überlieferten Bücher. Die sieben alttestamentlichen Texte, die nur in griechischer Sprache erhalten waren, anerkennt die katholische Kirche seit dem Konzil von Trient (1545–1563) als »deuterokanonisch« (= zweitkanonisch): Tobias, Judith, Baruch, das Buch der Weisheit, Jesus Sirach und das erste und zweite Makkabäerbuch. Martin Luther zählte sie nicht zu den kanonischen Büchern, wenn er sie auch ebenfalls ins Deutsche übersetzte und in seine Bibel als nützliche Erbauungsschriften mit aufnahm.

Seit dem 2. Jahrhundert v. Chr. werden die Schriften des Alten Testaments in drei Kategorien eingeteilt, das »Gesetz«, die »Propheten« und die »Schriftwerke«. Im Vorwort zur griechischen Übersetzung des Buches Jesus Sirach heißt es nämlich: »Vieles und Großes ist uns durch das Gesetz, die Propheten und die anderen Schriften, die ihnen folgen, geschenkt worden«. Wenn wir auch heute wissen, daß diese Einteilung nicht einfach den Werdegang der Niederschrift widerspiegelt, folgen wir ihr, um die literarische Eigenart und den Inhalt der einzelnen Bücher besser erfassen zu können.

Das Gesetz

Die ersten fünf Bücher der Bibel, die man üblicherweise mit dem Namen des Mose verbindet, werden mit einem griechischen Begriff auch als »Pentateuch« bezeichnet (pénte = fünf; teûchos = Gefäß, in dem Schriften aufbewahrt wurden). In neuerer Zeit rückte man von der lange in der evangelischen Kirche gebäuchlichen Zählung als 1. bis 5. Buch Moses ab und griff auf die Terminologie der frühen griechischen Übersetzung der alttestamentlichen Bücher aus dem 2. Jahrhundert v. Chr. (*Septuaginta*) zurück. Demnach heißen die Bücher in der Reihenfolge 1. GENESIS (Entstehung), 2. EXODUS (Auszug), 3. LEVITICUS (levitische, d. h. priesterliche Gesetze), 4. NUMERI (Zählungen), 5. DEUTERONOMIUM (Abschrift des Gesetzes). Der jüdischen Tradition gelten diese fünf Bücher als »das Gesetz«, obwohl sie natürlich nicht nur Gesetzestexte enthalten. Sie stellen aber mit ihren Erzählungen von Gottes Verheißung und dem Bundesschluß mit Abraham den Kern der ältesten jüdischen Überlieferung dar. Darum nannten sie die Gelehrten Martin Buber und Franz Rosenzweig, welche die letzte große Eindeutschung der hebräischen Bibel versuchten, auch sinnentsprechend »Bücher der Weisung«.

Seit Beginn unseres Jahrhunderts ist unbestritten, daß der Pentateuch nicht aus einem Guß ist und deshalb auch nicht aus der Feder nur eines Autors stammen kann. Zu groß sind die Stilunterschiede in vielen Abschnitten, auch kommen Erzählungen, Lehrstücke und Gesetzestexte offensichtlich aus unterschiedlichen Quellen. Das bekannteste Beispiel hierfür sind die beiden einander folgenden Schöpfungsgeschichten Gen 1,1–2,2 und 2,4–25. Auch manche andere Ereignisse werden doppelt erzählt und weisen auf ihre Herkunft aus unterschiedlichen Traditionssträngen hin (z. B. die Verstoßung der Hagar Gen 16,4–14 und 21,6–21).

Es gilt heute als gesicherte Erkenntnis der wissenschaftlichen Erforschung der Bibel, daß der Pentateuch aus verschiedenen Quellen entstanden ist und in mehrfachen Redaktionen zu den heute vorliegenden fünf Büchern zusammengearbeitet wurde. Dabei erfolgten die ersten wohl bereits schriftlichen Traditionssammlungen in der frühen Königszeit (um 1000 v. Chr.), die Endredaktion geschah allerdings erst nach dem Babylonischen Exil (nach 400 v. Chr., vgl. Neh 7,72ff). Dieser lange Prozeß der Schriftwerdung bezeugt, daß die Glaubensgemeinde vor der Entstehung des Buches war, die Überlieferung, die Tradition, der Bibel notwendig vorausgeht.

Für die Lektorin und den Lektor ist es wichtig zu wissen, was der Pentateuch enthält und welche literarischen Gattungen in ihm verarbeitet sind. Darum soll der Inhalt der einzelnen Bücher hier kurz vorgestellt und charakteristische Formen erläutert werden.

1. Das Buch GENESIS (Gen) zerfällt in zwei Teile: Es beginnt mit der Erschaffung der Welt und des Menschen, erzählt vom Paradies und vom Sündenfall, von Kain und Abel und ihren Nachkommen, berichtet von der Errettung weniger aus der Sintflut mit Noahs Fluch und Segen über seine Söhne und schließt mit dem Turmbau zu Babel sowie der Auflistung der semitischen Völker (Kap. 1–11). Der zweite Teil erzählt die Geschichte der Patriarchen Abraham, Isaak und Jakob sowie deren Söhne (Kap. 12–50).

Im Buch Genesis sind unterschiedliche Inhalte und Erzählformen besonders eng verknüpft. Sie vermischen Sagenhaftes mit pädagogischen Lehrstücken, Stammestraditionen mit zeitbedingten Einkleidungen. Ein schlimmer Fehler bis in unser Jahrhundert hinein bestand darin, dieses Buch – wie übrigens die meisten anderen – als strengen historischen Bericht aufzufassen, der von der Erschaffung der Welt bis zur Patriarchenzeit alle wichtigen Ereignisse dokumentiert, während es doch offensichtlich vorwiegend katechetische Lehrstücke enthält, welche *ihrer Zeit* von Gottes Macht, des Menschen Überheblichkeit und Schwäche, sowie der souveränen Führung Gottes zur Sammlung seines Volkes künden wollten. Darum beherrscht nicht der Mensch das Geschehen, wie es klassischen Darstellungen der Geschichte eigen ist, sondern Gottes lenkende Hand wird in allem sichtbar.

Wer beispielsweise die Schöpfungserzählung der Gemeinde in der Osternacht vorträgt, muß wissen, daß das Sechstagewerk der Welterschaffung eben nicht in sechs Tagen, auch nicht in sechs Zeitperioden vor sich ging, daß diese Geschichte letztlich überhaupt nichts über die zeitliche Dimension der Schöpfung aussagt. Gott wird aber dem Hörer als Vorbild vor Augen gestellt, um ihn nach Gottes Beispiel zu einem sechstägigen Werk anzuhalten und auf die Einhaltung der Ruhe am siebenten Tag, dem Sabbat, zu verpflichten. Hier haben wir es mit einem Musterbeispiel eines katechetischen Lehrstücks zu tun, das darüber hinaus natürlich auch viele elementare Glaubensaussagen enthält.

Bei den Abrahamsgeschichten verdient Beachtung, daß heute kein Mensch mehr den historischen Kern aus den uralten Stammeserzählungen herausschälen kann. Wie sie aber in andere Traditionen eingearbeitet wurden, werden sie zu einem einzigen, kraftvollen Bekenntnis, das die ganze Geschichte des erwählten Volkes als zielgerichtete Führung Jahwes erweist. Die Geschichten werden verdichtet zur *Heilsgeschichte*, zum Vertrauen darauf, daß Menschengeschick nicht im Chaos endet, sondern ihm Heil versprochen ist.

2. Das Buch EXODUS (Ex) beschreibt zunächst das Wachsen von Jakobs Nachkommenschaft in Ägypten, ihre Unterdrükkung und das Heranwachsen der Führergestalt des Mose (1,1–11,10). Das erhebende Erlebnis der Befreiung steht an der Schwelle zur Volkwerdung Israels (12,1–18,27). Der Bundesschluß und die Gesetzgebung, die neben dem Grundgesetz der Zehn Gebote auch Anordnungen für Feste und Kult einschließen, weisen so unterschiedliche Merkmale auf, daß nur der Kern auf Mose zurückgehen mag, vieles jedoch erst nach und nach eingearbeitet wurde (19,1–40,38).

Im ersten Teil des Exodus überwiegen erzählende Stammestraditionen, teilweise durchsetzt mit uraltem, später hymnisch bearbeitetem Liedgut (z. B. 15,1–21). Die Gesetzgebung am Sinai manifestiert Gottes Willen zur Ordnung, der später auf Kultvorschriften und Festkalender übertragen wird.

Die Verkündung der Zehn Gebote gehört zum eisernen Bestand auch der christlichen Katechese. Der Auszug aus Ägypten und der Zug durchs Rote Meer wurde seit den frühesten Zeiten der Kirche als Symbol von Erlösung und Taufe gedeutet (vgl. 1 Kor 10,1f). Diese Abschnitte haben darum ihren festen Platz in der Liturgie der Osternacht.

3. Das Buch LEVITIKUS (Lev) enthält eine Sammlung von Gesetzen, die als priesterliches Verordnungsbuch spätestens um 400 v. Chr. die endgültige Form erhalten haben. Es besteht aus einem erzählenden Teil, der von der Einsetzung des Prie-

stertums berichtet. Danach folgen Opferanordnungen für Volk und Priester sowie das Reinheits- und das Heiligkeitsgesetz (1,1–26,46). Ein Nachtrag (Kap. 27) gibt Anweisungen über die Ablösung von Gelübden und zur Abgabe des Zehnten. In seinem Kern mag manches tatsächlich auf Mose zurückgehen. Deshalb kann man auch zu Recht von einem »Gesetz des Mose« sprechen. Vieles mußte aber später den veränderten Verhältnissen angepaßt werden.

Weil nach urchristlicher Überzeugung »Christus das Ende des Gesetzes« ist (Röm 10,4), haben die Reinheits- und Kultvorschriften für den an Christus Glaubenden keine Verbindlichkeit mehr. Darum erscheint das Buch Levitikus – wie übrigens auch weite Teile des Exodus – nicht unter den Texten der christlichen Liturgie.

4. Das Buch NUMERI (Num) beginnt mit dem Bericht einer Volkszählung, die der griechischen Übersetzung der Schrift den Namen gab (arithmoí = Zahlen, Zählungen). Hier sind Stammestraditionen aus unterschiedlichen Zeiten redaktionell zusammengearbeitet und in das zeitliche Schema vom Aufbruch der Stämme am Sinai bis zum Aufenthalt in Moab (Transjordanien) eingefügt. In diese Erzählungen sind immer wieder Gesetzestexte eingestreut. Die Geschehnisse der Wüstenwanderung sollen die führende Hand Jahwes zeigen. Die christliche Katechese deutet die wunderbaren Geschehnisse auf dem Wüstenzug, die Spendung von Wasser aus dem Felsen (20,1–11), die Aufrichtung der erzenen Schlange (21,1–9) als Hinweise auf das Heil, das Jesus brachte (vgl. 1 Kor 10,4).

5. Das Buch DEUTERONOMIUM (Dtn), die »Ab-« oder »Zweitschrift des Gesetzes« enthält möglicherweise Brauchtum und Gesetze des Nordreiches, die nach der Reichsteilung unter den Nachfolgern Salomos (931 v. Chr.) dort entstanden waren, später aber mit den entsprechenden Vorschriften des Südreiches Juda harmonisiert werden mußten. Den zeitlichen Rahmen findet die Redaktion hierfür in der Eroberung des Ostjordanlandes. Dort sieht Mose zwar das ihm von Gott

versprochene Land Kanaan vom Berg Nebo, erlebt die Eroberung und den Einzug des Volkes aber nicht mehr (34,1–9).

Den Grundtenor des Buches bestimmt das Bewußtsein, daß Gott sein Volk gnädig erwählt hat. Weil er zu ihm in Treue steht, erwartet er von den Erwählten aber die Einhaltung des Bundes, genauen Gesetzesgehorsam. Ähnliches, was zu den Büchern Exodus und Levitikus gesagt wurde, gilt auch hier. Die Zweitfassung der Zehn Gebote (5,6–21) übernahm die christliche Katechese zur Unterweisung im sittlichen Verhalten. Alle anderen Gesetze sind für uns nicht mehr von Belang. So erscheint auch kaum etwas aus diesen Texten in der christlichen Liturgie.

Die Propheten

Die prophetische Literatur ist zusammengefaßt in den Schriften der vier großen und der zwölf kleinen Propheten. Die Unterscheidung von »großen« und »kleinen« Propheten stammt von Augustinus (354–430) und beinhaltet keinerlei Werturteil. Damit werden lediglich die längeren Texte von den kürzeren abgehoben. Nach jüdischer Tradition zählen auch die geschichtlichen Bücher Josua, Richter, die beiden Samuelbücher und die beiden Königsbücher zu den Propheten, weil ihrer Auffassung nach Propheten sie verfaßt haben.

Die Aufgabe der Propheten bestand nicht oder doch nicht hauptsächlich in der Ankündigung künftiger Ereignisse, von Heilszusagen oder Strafandrohungen. Vielmehr wußten sich diese Männer von Gott beauftragt, das Volk zur Umkehr zu rufen und im Vertrauen auf Gott zu bestärken. Sie walteten ihres Amtes von der Königszeit an (ab etwa 1000 v. Chr.) bis in die Zeit nach der Rückkehr aus dem Babylonischen Exil (also bis Mitte des 4. Jahrhunderts v. Chr.). Als hohe Zeit der Prophetie gilt die späte Königszeit bis zur Verschleppung des Volkes nach Babylon (ca. 750 v. Chr. [Auftreten des Amos] bis 586 v. Chr. [Eroberung Jerusalems]).

Die großen Propheten

Die Reihe der großen Propheten eröffnet JESAIA (Jes). Er trat zu Zeiten der Könige Jotam, Ahaz und Hiskija auf. Sein öffentliches Wirken fällt somit in den Zeitraum zwischen 738–700 v. Chr.. Weil er mit den Verhältnissen der gehobenen Stände wohl vertraut ist, vermutet man ihn unter den höheren Staatsbeamten.

Das unter dem Namen des Jesaia veröffentlichte Buch zerfällt deutlich in drei Teile: Der erste Teil (Kap. 1–39) geht überwiegend auf den Propheten selbst zurück. Die großen messianischen Texte in den Kapiteln 7 (Weissagung über Immanuel), 9 (Verheißung der Geburt des göttlichen Kindes) und 11 (Verheißung des messianischen Reiches) werden seit der frühesten Zeit des Christentums auf Jesus gedeutet (vgl. bes. Mt 1,23; Lk 1,31; 2 Thess 2,8; Röm 15,12) und spielen auch in der kirchlichen Liturgie eine große Rolle. Der zweite (Kap. 40–55) und der dritte Teil (Kap. 56–66) werden heute späteren Propheten – möglicherweise aus der Schule des Jesaia – zugeschrieben. Der zweite Teil verrät Spuren aus dem Babylonischen Exil, der dritte weist in noch spätere Zeit (ca. 450 v. Chr.).

Die Botschaft des Jesaia hat die Menschen aller Zeiten immer wieder bewegt, sie ist politisch und religiös zugleich. Das Streben der Könige Israels nach politischer Unabhängigkeit vom übermächtigen Assyrien machte sie empfänglich für eine Allianz mit Ägypten. Davor warnte Jesaia eindringlich und mahnte zum Vertrauen auf den »Heiligen Israels«, zur Neubelebung des Bundes mit Jahwe, dem Lenker der Geschicke aller Völker. Wenn Israel durch seine Feinde gezüchtigt wird, soll es das als verdientes Strafgericht auffassen und die Züchtigung erdulden.

Die im zweiten Teil enthaltenen Lieder vom leidenden Gottesknecht (42,1–4; 49,1–6; 50,4–9; 52,13–53,12) tragen so stark persönliche Züge, daß die im Judentum übliche kollektive Deutung auf das Volk Israel als ganzes eher künstlich wirkt. Seit urchristlicher Zeit sah man in ihnen einen Hinweis auf das Todesleiden Jesu (vgl. Apg 8,32–35). In der Liturgie der Kartage haben sie darum ihren natürlichen Platz.

Im Buch JEREMIA (Jer) sind die Reden des Propheten gesammelt, die er seinem Sekretär Baruch seit etwa 605 v. Chr. in die Feder diktierte. Jeremia entstammte der Priesterkaste. Weil er seine Aufgabe – anders als manche seiner Kollegen – sehr ernst nahm, mußte er gegen die religiöse und sittliche Verwilderung des Volkes, vornehmlich der herrschenden Schichten vorgehen. Weil er im Gegensatz zu vielen Lobhudlern des Königs das Unheil des politischen Untergangs durch Babylon kommen sah, warnte er vor aussichtslosen Versuchen, sich aus dem Griff der aufsteigenden Großmacht zu befreien. Das trug ihm die erbitterte Feindschaft der politischen Führer ein, die ihn sogar mit dem Tod bedrohten. Die Zerstörung Jerusalems und die Deportation der Führungsschicht nach Babylon sollte ihm aber letztlich recht geben.

Die prophetische Botschaft des Jeremia geißelt die in den Kult Israels eingedrungene Verehrung fremder Götter als »Ehebruch«. Dafür muß Gott sein Volk strafen, um es dadurch zur Umkehr zu bewegen. Mitten im vorhergesagten Zusammenbruch sieht er aber für das gedemütigte Volk eine Zukunft: Er kündet von einem »neuen Bund«, dessen Gesetz aber nicht mehr auf steinernen Tafeln eingegraben ist. Gott wird dieses Gesetz vielmehr direkt ins Herz der Menschen schreiben (31,33). Diese kühne Schau bereitet den Weg für Paulus vor, der das mosaische Gesetz durch Christus für erfüllt ansieht, und den wesentlichen Impuls zum sittlichen Handeln Gottes »Geist« zuschreibt, der die Erlösten erfüllt (vgl. Röm 8, 9f; 10,4).

In unserer Bibel finden die KLAGELIEDER (Klgl) über den Fall Jerusalems ihren Platz nach dem Buch Jeremia, weil man sie dem Propheten zuschrieb. Er hat ja die Tragödie der Stadt hautnah miterlebt. Die Klagelieder bewahren eine Poesieform, die im alten Orient durchaus üblich war. Sie sind kunstvoll durchkomponiert, so daß keine Übersetzung die geschliffene Form und die im Zauber der Ursprache verborgene schwermütige Trauer adäquat wiedergeben kann.

Den Klageliedern folgt üblicherweise das kleine Buch BARUCH (Bar), des engen Vertrauten und getreuen Chronisten des Propheten Jeremia. Es ist nur in griechischer Sprache überliefert und enthält nach einem Gebetstext poetische Abschnitte sowie einen Brief des Jeremia.

Der dritte große Prophet ist EZECHIEL (Ez), ein Tempelpriester, der 597 v. Chr. nach Babylon deportiert und dort zum großen Trostspender der Verbannten wurde. Wenn die im Exil Lebenden neue Zuversicht schöpften und ihren Zusammenhalt in einem erneuerten Jahweglauben fanden, haben sie das weithin dem wortgewaltigen Propheten zu verdanken. Seine oft düstere Unheilsbotschaft wendet sich aber vom Kollektivgericht gegen das Volk als ganzes ab. Gottes Zorn wird vielmehr die wahrhaft Schuldigen treffen, die Gerechten aber verschonen (Kap. 18). Den Abschluß des Buches bildet der Entwurf eines neuen Tempels und einer neuen Kultordnung (ab Kap. 40). Die Botschaft Ezechiels stellt ein eindrucksvolles Zeugnis für einen unerschütterlichen Glauben an eine neue Zukunft in scheinbar auswegloser Lage dar. Manche seiner Endzeitvisionen finden ihren Nachklang in der Offenbarung des Johannes im Neuen Testament.

Auch der letzte der großen Propheten, DANIEL (Dan), ist eine Gestalt des Babylonischen Exils. Dort stieg der begabte junge Mann zunächst im babylonischen, später im persischen Staatsdienst in höchste Ämter auf. Im biblischen Buch Daniel sind nicht so sehr Aussprüche des Propheten, als lehrhafte Beispielerzählungen gesammelt, welche seine Person in den Mittelpunkt stellen. Die Visionen des Propheten vom kommenden messianischen Endreich und die Bezeichnung des Messias als »Menschensohn« machen die Schrift theologisch bedeutsam. Wenn die Evangelien Jesus als »Menschensohn« bezeichnen, untermauern sie damit seinen messianischen Anspruch.

Die kleinen Propheten

Die hebräische Bibel faßt die zwölf kleinen Propheten – anders geordnet – in einer Schrift, im ZWÖLFPROPHETENBUCH zusammen. Es vereint damit die Botschaften von Gottesmännern, die zwischen 760 v. Chr. (Amos) und 460 v. Chr. (Maleachi) im Nordreich Israel, im Südreich Juda oder nach dem

Babylonischen Exil wirkten. Gegen die Verehrung fremder Götter und heidnische Kultgebräuche wenden sich AMOS (Am), HOSEA (Hos) und ZEFANIA (Zef). Herbe Sozialkritik an den Oberschichten, ihrem Luxus und amoralischen Lebenswandel üben vor allem AMOS, aber auch MICHA (Mi), NAHUM (Nah), HABAKUK (Hab) und ZEFANIA. Zu tätiger Buße rufen unter Androhung von Gottes Strafgericht JOEL, MICHA und ZEFANIA. NAHUM kündet vom baldigen Zusammenbruch des Assyrerreiches. Drohreden gegen Edom als Inbegriff aller Jahwefeinde schleudert OBADIA (Obd). Die nachexilischen Propheten HAGGAI (Hag), SACHARIA (Sach) und MALEACHI (Mal) mahnen zu Opferbereitschaft beim Bau des neuen Tempels und zu einem rechten Leben. Dabei rügt MALEACHI vor allem den mangelnden Eifer der Priester bei Einrichtung und Vollzug des Tempelkults.

Einen Sonderfall stellt das Buch JONA dar. Es enthält nicht eigentlich prophetische Reden, sondern erzählt in der dritten Person vom Geschick des Propheten, der sich Gottes Auftrag entziehen möchte, aber dann doch zu ihm findet. Dieses kostbare Büchlein ist ein beredtes Zeugnis für den Glauben an den einen Gott, der auch gegen Heiden barmherzig ist, wenn sie nur seiner Botschaft Gehör schenken und sich nach ihr richten.

Texte der kleinen Propheten erscheinen gelegentlich in der Liturgie. Die dort vorzutragenden Mahnungen zu Barmherzigkeit und zu einem lauteren Lebenswandel, den der Gottesglaube hervorbringen muß, haben zeitlose Gültigkeit.

Die Schriftwerke

Die dritte Gruppe alttestamentlicher Bücher, die Schriftwerke, umfassen die restlichen Teile der Bibel. Zu ihnen gehören neben den Geschichtsbüchern die poetischen Sammlungen und die Weisheitsliteratur, ein reiches Spektrum schriftlich festgehaltener Überlieferung.

Wohl kein Volk der Erde pflegt seit frühester Zeit ein so enges Verhältnis zu seiner Geschichte, wie das jüdische. Die Geschichte interessiert dabei aber nicht als Erinnerung an große Taten in der Vergangenheit, an denen man sich berauscht, sondern als lebendiges Zeugnis für seinen Bund mit Gott. Nicht das äußere Geschehen ist darum ausschlaggebend, sondern das, was lebendiger Gottesglaube hinter den äußeren Begebenheiten sah. Dieses Verständnis hat auch die Form der biblischen Geschichtsschreibung geprägt.

Die Geburtsstunde einer geschichtlichen Bestandsaufnahme schlägt mit dem Babylonischen Exil (ca. 586–538 v. Chr.). Die Katastrophe, die über das Volk hereingebrochen war, verlangte nach einer Erklärung. Man suchte die Antwort darin zu finden, daß das Volk vom Bund Jahwes abgefallen war. Es erging ihm nämlich früher immer wohl, wenn es die Gesetze Gottes hielt. Gottes Strafgericht mußte es ahnden, wenn Israel die Verpflichtungen des Bundes vergaß. So ist der Sinn der Geschichtsbücher primär ein religiöser: Sie wollen den Leser darüber belehren, daß Israel nur im Bund mit seinem Gott überleben kann. Daß mit der Sammlung und Verarbeitung alter Traditionen auch die Besinnung auf die Herkunft des Volkes verbunden war und eine nationale Wiedergeburt vorbereitete, war ein folgerichtiger Effekt.

Für den Christen stecken die Geschichtsbücher des Alten Testaments voller lebensnaher und beherzigenswerter Geschichten. Sie weisen auf die Geschicke des Gottesvolkes hin, das trotz aller Verirrungen immer wieder zu seinem Gott zurückfindet. Das Neue Testament und die Liturgie erkennen in manchen Gestalten, vornehmlich Königen und Propheten, Hinweise auf den kommenden Erlöser.

Obwohl die hebräische Bibel Josua, Richter, die beiden Samuel- und die beiden Königsbücher zu den Propheten zählt, ordnen wir sie als Bücher der Geschichte den Schriftwerken zu. Das Buch JOSUA (Jos) berichtet von der Landnahme Israels in Kanaan unter Führung Josuas bis zu dessen Tod. Besonders hervorgehoben wird die Hilfe Jahwes bei Eroberung des Landes. Stark legendäre Züge (z. B. bei der Eroberung Jerichos, Kap. 6) weisen auf die religiöse Zielsetzung der Schrift hin.

Das Buch der RICHTER (Ri) geht möglicherweise im Kern auf die Königszeit zurück. Es beschreibt die Zeitspanne zwischen der Landnahme und der Gründung des Königtums unter Saul. Ihm kommt es weniger auf die korrekte Darstellung der äußeren Ereignisse, als vielmehr darauf an, die Leser zur Treue gegenüber Jahwe zu mahnen und ihnen die schlimmen Folgen des Glaubensabfalls vor Augen zu stellen. Gott läßt aber sein Volk nicht untergehen; in höchster Not schickt er ihm Führergestalten, über die der »Geist Jahwes« kommt und befähigt, das Volk aus seiner Bedrängnis zu befreien. Das Schema von der immer wiederkehrenden Glaubensmüdigkeit des Volkes, der daraus folgenden Züchtigung durch seine Feinde und der Befreiung mit Gottes Hilfe ist in diesem Geschichtsbuch am konsequentesten durchgehalten.

Die zwei Bücher SAMUEL (1 und 2 Sam), die in der hebräischen Bibel als ein Buch gezählt werden, handeln nicht ausschließlich von diesem legendären letzten »Richter«, der zunächst Saul und später David zum König bestellt. Das erste Samuelbuch erzählt so populäre Geschichten wie den Kampf Davids gegen Goliath, die Feindseligkeit Sauls gegen David und die gleichzeitige Freundestreue zwischen David und Sauls Sohn Jonathan. Ob ihrer plastischen Einprägsamkeit können sie in keiner Schulbibel fehlen. Das zweite Samuelbuch schildert das bewegte Leben und die vielen Kämpfe Davids bis zu seinen letzten Tagen. Auch in den beiden Samuelbüchern kommt es den Erzählern letztlich nicht auf den Ablauf der Ereignisse, sondern auf das Sichtbarmachen von Gottes Führung an.

Die beiden Bücher der KÖNIGE (1 und 2 Kön), die inhaltlich unmittelbar mit den Samuelbüchern zusammenhängen, gelten in der hebräischen Bibel ebenfalls als ein Buch. Sie beginnen mit dem Tod Davids, zeichnen ein farbiges Bild vom Höhepunkt des Königtums unter Salomo, schildern den Zerfall des Reiches unter dessen Söhnen und führen die Geschichte des Nordreichs Israel und des Südreichs Juda bis zum Untergang des Südreichs und der Verschleppung des Volkes ins Babylonische

Exil fort. Die Zeitspanne, über die berichtet wird, umfaßt also nahezu ein halbes Jahrtausend (ca. 972–561 v. Chr.).

Wenn auch die Angaben historisch betrachtet zunehmend genauer werden, sollte man sich über die Zielsetzung der Verfasser nicht täuschen. Für sie gilt, was bisher zum Inhalt der Geschichtsbücher gesagt wurde: Sie wollen aufzeigen, wie sich Volk und Könige *religiös* verhalten haben. Der Fluchtpunkt wird nie aus dem Auge verloren: Der ständige Wankelmut des Volkes mußte schließlich zur Katastrophe der Zerstörung Jerusalems und der Deportation nach Babylon führen.

Die beiden Bücher der CHRONIK (1 und 2 Chr), im Hebräischen ebenfalls nur als ein Buch gezählt, sind eine erst im 3. Jahrhundert v. Chr. gechriebene Zusammenfassung der Geschichte des Volkes Israel von den Anfängen bis zum Erlaß des Ediktes von Kyros, das den Juden die Rückkehr nach Jerusalem gestattete (538 v. Chr.). Die Bezeichnung »Chronik« hat dieser Teil der Bibel von Hieronymus, der dieses Buch als »Zusammenfassung der ganzen Heilsgeschichte« charakterisierte. Die alte griechische Übersetzung der Septuaginta nennt es »Paralipómena« (= das Ausgelassene, das bisher nicht Berichtete). Dieser Titel bezieht sich auf die Ergänzungen, die es hinsichtlich der Bücher Samuel und der Königsbücher enthält.

Die Geschichte der Chronik wird fortgesetzt in den Büchern ESRA (Esr) und NEHEMIA (Neh), die ebenfalls eine Einheit bilden. Dementsprechend erscheinen sie in der hebräischen Bibel als nur ein Buch. Obwohl dem Redaktor, der wohl mit dem der Chronikbücher identisch ist, offensichtlich genaue Dokumente vorlagen, macht er irrtümlich den Reformator Esra zum Zeitgenossen des etwa zwei Generationen älteren Nehemia. Die beiden Bücher stellen die wichtigste Quelle für die nachexilische Geschichte Israels dar. Sie berichten vom Edikt des Kyros, der den Juden die Heimkehr in ihr Land erlaubt, den Trecks der Rückkehrer und dem mühsamen Neubeginn der Heimgekehrten. Wichtig ist dabei, daß der jüdische Schriftgelehrte und Priester Esra die neue Gemeinde von Jerusalem religiös als Kultgemeinde versteht und so organisiert.

Die jüngsten Geschichtswerke stellen die beiden nur in griechischer Sprache überlieferten MAKKABÄER-Bücher (1 und 2

Makk) dar. Sie bieten keine fortlaufende Geschichte, sondern stellen im wesentlichen die gleiche Zeit dar, wenn auch unter verschiedenen Aspekten. Während das erste Makkabäerbuch die Religionskämpfe der Juden unter dem syrischen König Antiochus IV. Epiphanes (175–163 v. Chr.), seine antijüdische Religionspolitik und den Kampf der Familie der Makkabäer um die Freiheit des jüdischen Volkes mit überzeugter Bejahung des Aufstieges dieses Clans zur Macht schildert, überwiegen im zweiten Makkabäerbuch erbauliche Geschichten, die Bewunderung für die Helden wecken sollen.

In der christlichen Liturgie spielen die Geschichtsbücher bis auf wenige Beispielerzählungen nur eine geringe Rolle. Für die allgemeine Katechese sind sie aber zur Illustration engagierten Gottesglaubens unentbehrlich.

Die Liedsammlungen, Lehrschriften und Weisheitsbücher

Zu den bekanntesten und meistbenutzten Teilen des Alten Testaments gehören die PSALMEN (Ps). Wie der Titel schon sagt, handelt es sich bei ihnen um Liedgut. Im Griechischen bedeutet psalmós nämlich das Harfenspiel, in weiterem Sinne auch das zur Harfe, dem psaltérion, gesungene Lied. Es ist die Übersetzung des hebräischen mismór, mit dem viele Psalmen überschrieben sind und auf diese Art des Vortrags hindeuten.

Das Buch der Psalmen, in der hebräischen Bibel Buch der »Preisungen« genannt, vereinigt 150 geistliche Lieder (vgl. Kol 3,16) unterschiedlichen Alters und unterschiedlicher Thematik, wobei die Zählung im hebräischen Urtext von der in der griechischen Version der Septuaginta und der lateinischen Vulgata etwas abweicht. Neuerdings setzt sich jedoch die hebräische Zählung mehr und mehr durch.

Die Psalmen sind in fünf Bücher unterteilt, die sie allerdings weder inhaltlich noch nach ihrem liturgischen Gebrauch ordnen. Vielleicht wollte man mit dieser Einteilung nur das Liedgut Israels mit den fünf Büchern des »Gesetzes« in Parallele setzen, um einerseits ihr Alter, andererseits ihre Verbindlichkeit zu unterstreichen.

Zahlreiche Psalmen nennen in ihrer Überschrift David als Autor. Damit muß sie der große König nicht unbedingt persönlich gedichtet haben. Fest steht allerdings, daß David Sinn für den dichterischen Ausdruck des Glaubens hatte, das umlaufende Liedgut sammeln ließ und diese Kunst förderte. Die Entstehung der Psalmen dürfte sich von der Königszeit bis zum Babylonischen Exil erstrecken. Einige können allerdings älter, manche auch jünger sein.

Inhaltlich kann man die Psalmen grob in zwei Kategorien einteilen: Auf der einen Seite Lob-, Preis- und Danklieder, auf der anderen Klage und flehentliche Bitte um Gottes Zuwendung. Natürlich sind noch manche anderen Elemente enthalten, von denen das Bekenntnis zum endzeitlichen Königtum Jahwes in den sogenannten »messianischen« Psalmen und Niederschläge orientalischer Weisheitslehre in den didaktischen Psalmen zu erwähnen sind.

Das Hebräische hat andere Gesetze des poetischen Ausdrucks, als sie uns von unseren Gedichten und Liedern vertraut sind. Es kennt weder einen festen Versfuß, noch End- oder Stabreim. Ein wichtiges Element sind neben freien Rhythmen gedankliche Parallelen, die in zwei oder drei aufeinanderfolgenden Sätzen oder Satzteilen eine Vorstellung durch Wiederholung weiterentwickeln oder durch Aufzeigen von Gegensätzen vorantreiben. Näheres dazu werden die praktischen Übungen im 6. Kapitel erklären.

Daß Jesus mit Psalmenworten betete und in ihrer Gedankenwelt zu Hause war, steht außer Frage. Aber auch die neutestamentlichen Schriften beziehen sich oft auf Psalmentexte. Nicht weniger als 40 Psalmen werden ausdrücklich zitiert, abgesehen von zahlreichen anderen Stellen, die mehr oder weniger deutlich auf Psalmworte anspielen. Seit dem 2. Jahrhundert n. Chr. zählen die Psalmen außerdem zum festen Bestand der kirchlichen Gebetsliturgie. Bis heute wird der ganze Psalter innerhalb einer Woche beim Stundengebet der Mönche rezitiert. Im 1970 neu geordneten Brevier ist der katholische Klerus ebenfalls aufgerufen, nahezu alle 150 Psalmen im Turnus von vier Wochen zu beten.

Wie konnte das Gebet- und Gesangbuch Israels diese beherrschende Stellung im Leben der Kirche bewahren? Als gültiger Ausdruck des Sprechens zu Gott, das Hochstimmung und Niedergedrücktheit, Lob, Dank und Bitte passende Worte schenkt, hat es Israels Frömmigkeit geprägt. In ihm kann sich aber auch das neutestamentliche Gottesvolk wiederfinden. Wie Jesus die Psalmen gebetet hat, so können auch wir unser Vertrauen auf den Vater im Himmel nicht besser ausdrücken, die Herrschaft Gottes über die Welt nicht besser herbeisehnen, aber auch die gottfeindlichen Mächte verfluchen. Gerade weil in den Psalmen die Inbrunst des Glaubens ihren vollkommenen Ausdruck findet, sind die Lieder des alttestamentlichen auch die des neutestamentlichen Gottesvolkes. Das rechtfertigt auch ihre dominierende Stellung in der kirchlichen Liturgie.

Das Buch der SPRICHWÖRTER (Spr) gehört zur Gattung der Weisheitsliteratur. Es vereinigt in seiner heutigen Form Spruchgut aus mehreren älteren Sammlungen. Zwei Abschnitte (Kap. 10–22 und 25–29) gelten als Sprüche Salomos und gehen in irgendeiner Form – wenn auch nach einem längeren Traditionsprozeß (vgl. 25,1!) – auf dessen Initiative zurück. Vermutlich ließ er eine Sammlung aus dem Weisheitsschatz der Nachbarvölker, vor allem Ägyptens und Edoms, anlegen, was seinen Ruf als »Weiser« begründete. Nur etwa ein Siebentel der Sprüche sind rein religiöser Natur, der Großteil hält Regeln praktischer Lebensklugheit fest. Gelegentlich erscheinen Abschnitte der Sprichwörter in liturgischen Lesungen.

Zur Weisheitsliteratur gehören außerdem das Buch KOHELET (Koh), der »Prediger«, ein spätjüdisches Werk, das zu den Wechselfällen des Lebens allgemeinmenschliche Betrachtungen anstellt. Dabei wechseln Prosa mit Spruchdichtungen ab. Ob ihres pessimistischen Grundtons hat man sich immer wieder gewundert, warum diese Erwägungen in die Heilige Schrift aufgenommen wurden. Die sorgenvollen Fragen nach dem Sinn alles Tuns und Geschehens schreien aber geradezu nach Erlösung und finden letztlich in Jesus Christus ihre Antwort.

Das Buch der WEISHEIT (Weish) ist jüngeren Datums. Es

entstand vermutlich im zweiten oder ersten Jahrhundert v. Chr. in Ägypten und ist deshalb auch nur griechisch überliefert. In ihm mischen sich poetische Elemente mit Weisheitslehren. Während der Verfasser die Weisheit besingt, hält er den Leser unter Bezugnahme auf Salomon zu einem gottgefälligen Lebenswandel an. Manche Stellen erscheinen darum auch in der kirchlichen Liturgie.

Ein letztes Buch der Weisheitsliteratur in unserer Bibel ist das des JESUS SIRACH (Sir). Es ist uns ebenfalls nur griechisch überliefert, darum in der hebräischen Heiligen Schrift nicht enthalten, obwohl es ursprünglich hebräisch aufgezeichnet war. Auch diese Schrift befaßt sich mit Ratschlägen zur weisen Lebensführung. Sie stellt so etwas wie eine jüdische Lebensphilosophie dar und schließt mit dem Lob großer Gestalten des jüdischen Volkes.

Das Buch IJOB (Ijob), eine selten ausdrucksstarke Dichtung, erörtert das Problem, warum Leid auch den Gerechten trifft. Drei Freunde des von Gott Geschlagenen versuchen Leid und Krankheit als Sündenstrafe darzustellen, während Ijob Gottes unerforschlichen Ratschluß dafür verantwortlich macht. Damit widerspricht er der nicht nur damals weit verbreiteten Überzeugung, daß den Sünder die gerechte Strafe auf dem Fuße ereilt. Die Lösung, daß Gottes Weltregierung geheimnisvoll bleibt, weil doch offensichtlich Gerechte der Willkür der Bösen preisgegeben sind, verweist auf die Zeit nach dem Babylonischen Exil, in der diese Frage viele Gläubige bedrängte. Das Buch Ijob hat ob seiner existentiellen Fragestellung und poetischen Kraft immer wieder die Dichtkunst beeinflußt. Das bekannteste Beispiel aus der deutschen Literatur ist das Vorspiel zu Goethes »Faust«, das seine biblische Vorlage nicht verleugnet.

Ein kostbares Zeugnis alter Dichtkunst ist uns im HOHENLIED (Hld) erhalten, das im Hebräischen »Lied der Lieder« überschrieben ist. Äußerlich betrachtet handelt es sich dabei um eine Sammlung alter Liebes- und Hochzeitslieder. Manche Gelehrte betrachten sie aber als beabsichtigte Metapher für das Verhältnis des Volkes Israel zu seinem Gott. Darum ist es auch unter die heiligen Schriften aufgenommen worden.

Obwohl in den kleinen Schriften RUT (Rut), TOBIT (Tob), JUDIT (Jdt) und ESTER (Est) erzählende Elemente überwiegen, sie von daher den poetischen Schriftwerken zuzurechnen sind, stehen sie in neueren Bibelausgaben wieder unter den Geschichtsbüchern. Sie sollten aber nicht als historische Begebenheiten betrachtet werden, sondern als erbauliche Lehrerzählungen, die von Gottes Schutz der Bedrängten künden. Sie werden darum zu Recht gerne in der Katechese verwendet. In der christlichen Liturgie erscheinen sie nicht.

1.2.2 Das Neue Testament

In der kirchlichen Liturgie spielen die neutestamentlichen Lesungen die dominierende Rolle. Dabei ist der Vortrag der Evangelien-Perikopen normalerweise dem Leiter der liturgischen Feier vorbehalten. Die theologisch nicht minder bedeutsamen und ihnen gegenüber sogar häufig älteren Texte aus den apostolischen Briefen sind hingegen eine Hauptaufgabe des Lektors oder der Lektorin. Sie bedürfen deshalb eines vertieften Verständnisses und besonders sorgfältiger Vorbereitung.

Die Evangelien

MARKUS (Mk) hat als erster den Versuch gewagt, die Verkündigung von Jesus zusammenfassend darzustellen. Von seiner Schrift sagt Papias, der Bischof von Hierapolis (gestorben um 150 n. Chr.), »Markus hat als Dolmetscher des Petrus nach seiner Erinnerung Worte und Taten des Herrn genau – freilich nicht der Reihe nach – aufgeschrieben . . .«. Dieser kleinasiatische Schriftsteller bezeugt also, daß Markus die *Predigt* des Petrus festgehalten hat, nicht biographische Notizen sammelte. Wir dürfen also diese Schrift nicht als »Leben Jesu« mißverstehen, sondern als »Evangelium«, als »frohe Botschaft« begreifen, die Glaubende in ihren Überzeugungen festigen, Nichtglaubende aber zum Bekenntnis zu Jesus führen will.

Das Markusevangelium ist deutlich in zwei Teile gegliedert: Im ersten beschreibt es das scheinbar so erfolgreiche Auftreten Jesu in Galiläa (1,1–8,26), im zweiten verfolgt es den Weg des Herrn nach Jerusalem, wo Leiden und Tod seinem Wirken ein jähes Ende setzen (8,27–16,20).

Der erste Teil schildert Jesus als den Wundertäter, dem alles Volk nachläuft. Und trotzdem bleibt seine Gestalt geheimnisumwittert. Alle hören, was Jesus sagt, sehen, was er tut, verstehen es aber nicht. Selbst seine Jünger begreifen nicht, was geschieht (vgl. 6,52; 8, 17). Mit der dreifachen Leidensvoraussage (8,31; 9,30; 10,33) beginnt dann der Leidensweg nach Jerusalem.

Im zweiten Teil offenbart sich Jesus als Davidssohn und erhebt damit öffentlich den Anspruch, der Messias zu sein. Er wird jedoch von den Führern des Volkes abgelehnt und verworfen. Die Folge ist die grausame Passion und der schreckliche Tod am Kreuz.

Dieser Zweiteilung mag eine richtige historische Erinnerung zugrunde liegen, daß nämlich Jesus vielversprechend in Galiläa begann und dann vor den geistlichen Behörden in Jerusalem kläglich scheiterte. Der Verfasser des Markusevangeliums macht daraus ein Prinzip göttlicher Offenbarung: Sie vollzieht sich zunächst in freimütiger Verkündigung und Wunderheilungen, wird aber von den Menschen nicht verstanden. Daraufhin zeigt sie sich im Tod des Gottessohnes und wird wieder nicht verstanden, aber von Gott durch die Auferstehung beglaubigt. Jetzt erst erschließt sich Gottes Heilstun denen, die glauben.

Trotz seiner schmucklosen, ja manchmal geradezu unbeholfenen Sprache, die den Vortrag nicht gerade erleichtert, überzeugt das Markusevangelium durch die Zielstrebigkeit seiner Durchführung. Mit der Überschrift »Anfang des Evangeliums von Jesus Christus, dem Sohne Gottes ...« (1,1) gab sein Verfasser zudem einer neuen literarischen Gattung ihren Namen.

Das Evangelium des MATTHÄUS (Mt) übernimmt zwar den Rahmen, den Markus dem Auftraten Jesu gegeben hat, ergänzt die Überlieferung aber durch die Kindheitsgeschichten, die nach Art eines Prologs der öffentlichen Wirksamkeit Jesu vorangestellt werden. Der Evangelist will zeigen, daß schon als Kind vieles darauf hinweist, daß es der sehnlich erwartete

Messias ist. Auch die Geschichte Jesu wird durch Einbeziehung einer Quelle von seinen Aussprüchen und einigen Überlieferungen aus dem palästinensisch-judenchristlichen Umkreis erweitert. Doch ordnet Matthäus den verarbeiteten Stoff insgesamt systematischer, indem er verschiedene Abschnitte nach sachlichen Gesichtspunkten zusammenstellt (Bergpredigt, Wunderheilungen, Gleichnisse).

Wir wissen heute, daß nach der Zerstörung Jerusalems im Jahre 70 n. Chr. eine national überspitzte jüdische Erneuerungsbewegung in Palästina um sich griff, welche die Christusgläubigen als vom Glauben der Väter Abgefallene betrachtete. Dieser religiös-nationalen Strömung gegenüber erhebt Matthäus für die junge christliche Kirche den Anspruch, das »wahre« Israel zu sein. Dieser Gedanke stammt nicht erst vom Evangelisten; schon Paulus nannte die Kirche das »Israel Gottes« (Gal 6,16; vgl. Röm 9,6; 1 Kor 10,18). Matthäus aber untermauert diesen Anspruch durch zahlreiche Zitate aus dem Alten Testament, durch die er nachweist, daß Jesus der verheißene Messias ist. Die Schriften der Juden gehören darum letztlich nicht ihnen, sondern den Christen, die in ihrem Bekenntnis zu Jesus, dem Messias, den Schlüssel zum rechten Verständnis der Heiligen Schriften besitzen. Jesus ist der eigentliche Lehrer von Gottes Gesetz; er steht nicht neben, sondern über Mose.

Bei kaum einem Buch des Neuen Testaments wird so klar, daß es ganz aus dem Alten Testament lebt und sich als dessen Erfüllung versteht. Auch der Vortragende sollte sich dieses inneren Zusammenhangs bewußt sein, um die Akzente richtig zu setzen.

LUKAS (Lk) bietet mit seinem Doppelwerk des Evangeliums und der APOSTELGESCHICHTE (Apg) eine Neukonzeption ganz eigener Art. Er will nicht nur darstellen, daß in Jesus Gottes Herrschaft in die Welt gekommen ist. Nach seiner Erhöhung zum Vater bleibt er vielmehr durch seinen Geist in der Kirche wirksam und treibt die Ausbreitung dieser Herrschaft weiter voran bis zu seiner Wiederkunft. Die Zeit der werdenden Kirche gehört darum notwendig zur Geschichte Jesu dazu. Jesus ist die Mitte der Zeit, wir aber sind eingebunden in die Zeit der Kirche und müssen diesem Anspruch genügen.

Wie Matthäus legt auch Lukas seinem Entwurf die Evangelienschrift des Markus zugrunde, greift aber noch unbekümmerter als jener in dessen Grundmuster ein. Nach Kindheitsgeschichten um Johannes den Täufer und Jesus dehnt er den »Weg« – ein theologisches Schlüsselwort des Evangelisten –, den Jesus mit einer programmatischen Rede in seiner Vaterstadt Nazaret beginnt, und der ihn von Galiläa nach Jerusalem führt, literarisch zu einem ganzen Reisebericht aus (9,51–18,14). Das Todesleiden und die Hinrichtung Jesu am Kreuz bereiten den Wendepunkt, die Auferstehung und Himmelfahrt vor. Von da an wirkt der erhöhte Herr durch seinen Geist in seinen Jüngern. Sein »Weg« geht weiter! Seine Glaubensboten tragen die Kunde von ihm von Jerusalem nach Galiläa und Samaria, ja bis an die Grenzen der Erde (Apg 1,8). Da die Juden Jesus verwerfen, kommt das Heil den Heiden zu.

Unserem heutigen Geschichtsverständnis liegt die dynamische Konzeption des Lukas. Da Evangelium und Apostelgeschichte zudem in einem flüssigen Erzählstil geschrieben sind, eignet sich beides sehr gut zum mündlichen Vortrag – auch in längeren Abschnitten. Weil die Apostelgeschichte in liturgischen Lesungen reichlich zu Wort kommt, hat der Lektor oder die Lektorin Gelegenheit, diese Lukastexte lebendig darzubieten.

Das Evangelium des JOHANNES (Joh) unterscheidet sich in seiner ganzen Anlage und in seiner Sprache so stark von den ersten drei Evangelienschriften, daß man den Eindruck gewinnen könnte, es rede von gänzlich anderen Dingen als sie. Wäre beispielsweise nach Markus, Matthäus und Lukas die öffentliche Wirksamkeit Jesu leicht innerhalb eines Jahres unterzubringen, wechselt die Lehr- und Wundertätigkeit Jesu nach Johannes mehrfach zwischen Galiläa und Jerusalem. Er erwähnt mindestens drei Osterfeste und scheint auch eine andere Zeitbestimmung für den Tod Jesu zu kennen. Dann aber sind doch wieder so viele unverwechselbare Ähnlichkeiten vorhanden, daß man an der Identität der berichteten Ereignisse nicht zweifeln kann.

Ein Grund für die besondere Darstellung und die fortgeschrittene theologische Reflexion im Johannesevangelium besteht darin, daß der Evangelist den Christusglauben nicht nur gegenüber den Juden verteidigen, sondern auch Irrlehren zurückweisen muß, die in Jesus nicht mehr den Gott-Menschen sahen. Darum betont er, daß »das Wort Fleisch geworden ist und unter uns gewohnt hat« (1,14). Der in der Kirche verkündete Christus ist eben kein inhaltsleerer Mythos, sondern blutvolle, lebendige Wirklichkeit.

Von daher erklären sich auch wichtige Schlüsselbegriffe dieser Evangelienschrift. Durch sein »Wort« handelt Gott in Jesus. »Leben« ist des Menschen höchstes Gut. Gott will uns daher »ewiges Leben« schenken, die vollständige Erfüllung unseres Daseins bieten. Wer das verfehlt, bleibt »im Tod«, er hat den Sinn seines Lebens verfehlt. Die »Wahrheit« ist nicht nur ein objektiver Sachverhalt, sondern so sehr eine persönliche Eigenschaft, daß Jesus sie verkörpert (14,6). Wer die Bindung an ihn verweigert, fällt darum der »Lüge« anheim. In seiner »Erniedrigung« erfährt Christus in Wirklichkeit seine »Erhöhung«. Dieses Geschehen stellt die Menschen vor die Entscheidung, ins »Gericht«. Wer nämlich an Christus »glaubt«, ist bereits gerettet, wer nicht glaubt, schon gerichtet. Christi Taten sind daher »Zeichen«, in denen der Glaubende Gottes Wirken erkennt.

Die Sprache dieses Evangeliums hat entsprechend seiner gedanklichen Verarbeitung des Christus-Bekenntnisses stark meditativen Charakter. Die Art seiner Darstellung umkreist den Gegenstand und führt dadurch den Gedankenfortschritt herbei. An den Vortragenden stellen darum diese Texte höchste Ansprüche. Nur wer sie verinnerlicht hat und in die Symbolwelt der Begriffe eingedrungen ist, wird ihre tiefe Bedeutung seinen Zuhörern nahebringen können.

Die Briefe des Apostels Paulus

In alter Zeit galt der Brief als beliebte Literaturform. Solche »Briefe« wandten sich von vornherein an eine breite Öffentlichkeit und nicht nur an den oder die genannten Adressaten.

Mit den Briefen des Apostels Paulus verhält es sich anders. Es sind echte Briefe, die sich wirklich an den Leserkreis wenden, den sie in der Überschrift ansprechen. Sie sind zudem augenscheinlich von den Erfordernissen der Stunde diktiert. Das Medium der Schrift nutzt der Apostel nur deshalb, weil er nicht persönlich zu den Adressaten kommen und zu ihnen sprechen kann. Deshalb sind diese Briefe kostbare Zeugnisse für die Glaubensverkündigung der ersten Stunde. Sie spiegeln aber auch die Interessen wider, welche die jungen Christengemeinden beschäftigten, nicht zuletzt aber die Widrigkeiten, mit denen sie sich auseinandersetzen mußten.

Abschnitte aus den Paulusbriefen erscheinen oft unter den Lesungen der Meßliturgie. Es gehört weithin zu den Aufgaben des Lektors oder der Lektorin, sie vorzutragen. Der gelegentlich nicht gerade leichte Briefstil des Apostels erfordert ein genaues Verständnis des Inhalts zum Vorlesen.

Die älteste Schrift des Neuen Testaments ist der ERSTE THESSALONICHERBRIEF (1 Thess). Paulus hatte diese erste vorwiegend aus dem griechischen Heidentum gewonnene Gemeinde um das Jahr 50 n. Chr. in der mazedonischen Hauptstadt gegründet. Ihm war es jedoch nicht vergönnt, länger bei ihr zu weilen. Obwohl er seinen Schüler Timotheus alsbald zu der jungen Gemeinde senden konnte, griff er selbst zur Feder, um sie angesichts der bald erwarteten Wiederkunft Christi zur Standhaftigkeit im Glauben zu ermahnen.

Der möglicherweise zwei Jahrzehnte später einzuordnende ZWEITE THESSALONICHERBRIEF (2 Thess) schärft unter Bezugnahme auf den ersten Brief die Wiederkunft Christi erneut ein. Es könnte sich dabei allerdings um ein Lehrschreiben aus der Schule des Paulus handeln, das einer Generation, welche das Erscheinen Christi nicht mehr zu Lebzeiten erwartete, diese zum christlichen Weltbild gehörende Erwartung eindringlich ans Herz legte.

Die beiden KORINTHERBRIEFE (1 und 2 Kor) stellen die uns erhaltene Korrespondenz des Apostels mit dieser Gemeinde dar, die er während seines fast zweijährigen Aufenthalts in dieser Stadt (vermutlich von Sommer des Jahres 50 bis zum Frühjahr 52 n. Chr.) gegründet hatte. Sie umfaßte insgesamt von seiten des Paulus mindestens vier Schreiben (vgl. 1 Kor 5,9; 2 Kor 2,4).

Der ERSTE KORINTHERBRIEF schenkt uns einen tiefen Einblick in die Probleme, welche die Gemeindegründungen auf genuin griechischem Boden beschäftigten. Da war es wegen einer unterschiedlichen Art, das Evangelium zu verkünden, zu Gruppierungen innerhalb der Gemeinde gekommen (1,10–4,21). Aber auch in Fragen der Geschlechtsmoral und der Ehe (5,1–13; 6,12–7,40), über Streitereien vor heidnischen Gerichten (6,1–11), über die Unvereinbarkeit von heidnischem Kult und christlicher Eucharistiefeier (8,1–11,34), über die Gestaltung des Gottesdienstes (14,26–40) und das den Griechen nur schwer eingängige Problem der Auferstehung der Toten (15,1–58), sah sich der Apostel genötigt, Weisung zu geben. So tolerant diese in Punkten ausfällt, die keine grundsätzliche Bedeutung für den Glauben haben, so entschieden ist sie, wo es um das neue Leben in Christus geht.

Im ZWEITEN KORINTHERBRIEF spricht Paulus von seinem Dienstamt, das ihm der Herr übertragen hat und das sein Verhältnis zur Gemeinde bestimmt (2,14–7,4). Gegner, welche die Autorität des Apostels untergraben wollten, werden scharf zurechtgewiesen (Kap. 10–13). Einen Spendenaufruf für die notleidende Gemeinde von Jerusalem sieht er als solidarische Pflicht der Erlösten an (Kap. 8–9).

Abschnitte aus den beiden Korintherbriefen erscheinen nicht selten in der Liturgie. Sie stellen an den Lektor und die Lektorin insofern besondere Anforderungen, als sie die Argumentationsweisen und Weisungen des Apostels verstehen müssen, wenn sie diese der anwesenden Gemeinde als gültige Botschaft nahebringen wollen.

Im GALATERBRIEF (Gal) muß sich Paulus mit Widersachern auseinandersetzen, welche die Grundlagen seiner Glaubensverkündigung an die Heiden in Frage stellten. Dabei dürften seine Gegenspieler zwei Argumente gegen den Apostel ins Feld geführt haben: 1. Paulus ist kein von Jesus autorisierter Apostel. Darum ist seine Predigt des Evangeliums, welche die Verbindlichkeit des alttestamentlichen Gesetzes unterschlägt, falsch. 2. Ohne die Stütze des alttestamentlichen Gesetzes gibt es weder für den einzelnen noch für die Gemeinde sittlichen Halt.

Demgegenüber stellt Paulus lapidar fest, daß es kein anderes Evangelium als das von ihm verkündete gibt (1,7). Sein Apostelamt hat er vom auferstandenen Herrn selbst empfangen; es wurde von Petrus und den übrigen Aposteln anerkannt (1,2–2,14). Das alttestamentliche Gesetz hat nur vorläufigen Charakter. Das neue Gesetz Christi heißt Liebe in Freiheit (4,1–6,10). In seiner grundsätzlichen Bedeutung gibt der Galaterbrief die theologischen Linien vor, die der Apostel Paulus sein Leben lang verfolgte und die richtungweisend für die Ausbreitung des Christentums wurden. Sie haben bis heute nichts von ihrer Aktualität verloren.

Der PHILIPPERBRIEF (Phil) stammt aus der Spätperiode der missionarischen Wirksamkeit des Paulus. Da er sich in Zusammenhang mit seiner Tätigkeit als Verkünder des Evangeliums in Gefangenschaft befindet (1,7), kann man sowohl an seine Festsetzung im Gefolge des Aufstands der Silberschmiede in Ephesus (vgl. Apg 19,23–40; 1 Kor 15,32) als auch an seine Haft in Rom um das Jahr 62/63 denken. Der Brief gibt Zeugnis von der herzlichen Verbindung, die zwischen dem Apostel und der ersten von ihm auf europäischem Boden gegründeten Gemeinde bestand.

Drei Gedankenkreise sind es, die in diesem Brief hervortreten: 1. Paulus ist der Gemeinde dankbar für die materielle Unterstützung, die er von ihr erfuhr und die er auch nur von ihr annahm (4,10–20). 2. Er muß sie aber vor falschen Glaubensboten warnen, welche Verwirrung stiften (1,3–3,1; 4,4–7). Seine Mahnungen bleiben allerdings ziemlich im allgemeinen. Die beste Abwehr besteht in Einmütigkeit und einem Lebenswandel, welcher der Berufung durch Christus entspricht. 3. Seine Gegner attackiert er in einer Schärfe, die der des Galaterbriefes in nichts nachsteht. Er wirft ihnen vor allem ihre niederträchtige Gesinnung vor (3,2–4,3). Noch heute beeindruckt uns in diesem Gemeindebrief die enge Verbindung von theologischer Einsicht und persönlichem Engagement, ohne die christliche Gemeinde nicht bestehen kann.

Der einzige wirkliche Privatbrief im Neuen Testament ist

der an PHILEMON (Phlm). Paulus hatte einen entlaufenen Sklaven namens Onésimus im Gefängnis kennengelernt, für den Glauben gewonnen und getauft. Mit einem Begleitschreiben schickt er ihn nun zu seinem Herrn zurück. Die hier zutage tretende, religiös motivierte Solidarisierung mit einem Sklavenschicksal bildet das Fundament für den Ausgleich sozialer Gegensätze, welche für die junge Christenheit ein enormes Problem darstellten. Dieses Beispiel ist auch für heute nicht ohne Belang.

Den theologisch bedeutendsten Brief, der aus der Feder des Paulus erhalten ist, hat der Apostel an eine Gemeinde gerichtet, die er weder selbst gründete noch überhaupt kannte. Nach Rom als der Hauptstadt der damaligen Welt wollte er aber gehen, um von dort aus die Missionierung des westlichen Mittelmeerraumes anzupacken. Um Schwierigkeiten, wie sie sich in Galatien und Korinth ergeben hatten, von vornherein auszuschließen, schreibt er den RÖMERBRIEF (Röm). Hier entfaltet und rechtfertigt er seine Erlösungsbotschaft, welche auch die Heiden einschließt, ohne ihnen die ganze Last des jüdischen Gesetzes zuzumuten. Dies schien ihm notwendig zu sein, weil die römische Christengemeinde zum erheblichen Teil aus gläubig gewordenen Juden bestand, aber bereits das Interesse von Heiden auch aus höherstehenden Kreisen gefunden hatte.

In manchen Gedankengängen überschneidet sich dieses Schreiben mit dem Galaterbrief, ist aber insgesamt in Darlegung und Argumentation bedeutend ausgewogener. Der erste Teil (1,18–11,36) ist ganz der Wiedergabe seiner Verkündigung gewidmet. Breiten Raum schenkt er dem Problem, warum das Gesetz der Juden nach dem Kommen Christi für den Glaubenden keine Geltung mehr hat. Im zweiten Teil (12,1–15,13) entwickelt Paulus Mahnungen zu einem Leben gemäß dem Willen Gottes. Es muß sich in gegenseitiger Liebe und Gehorsam gegenüber der rechtmäßigen Autorität offenbaren. Der Römerbrief blieb wegweisend für die christliche Verkündigung bis zum heutigen Tag.

Als Vermächtnis des Apostels kann man den KOLOSSER- (Kol) und den EPHESERBRIEF (Eph) betrachten, mögen beide nun noch von Paulus selbst stammen oder erst aus seiner

Schule hervorgegangen sein. Diese Briefe bewahren jedenfalls das Erbe des großen Theologen und Missionars, indem sie die Einheit der Kirche aus allen Erlösten, aus Juden und Heiden propagieren.

Der KOLOSSERBRIEF verfolgt diese Absicht in drei Gedankenschritten: Ein kurzes Grußwort geht unmittelbar über in ein hymnisches Bekenntnis zu Christus, dem Allherrscher (1,1–2,5). Vor falschen Verkündigern, die eine höhere »Weisheit« als diese anpreisen, muß der Briefschreiber – ganz im Sinne des Paulus – die Christusgläubigen warnen (2,6–3,4). Offensichtlich bedrohten absonderliche religiöse Phantasien bereits die Reinheit der christlichen Lehre. Die Mahnung zu einem Leben aus dem Glauben, was eine gewissenhafte Erfüllung der Standespflichten einschließt, beenden dieses Dokument (3,5–4,6).

Mit dem Kolosserbrief gedanklich eng verwandt ist ein anderes Schreiben, bei dem ebenfalls keine persönliche Beziehung zwischen Autor und Adressaten zu erkennen ist, der EPHESERBRIEF (Eph). Er ist in zwei deutlich voneinander zu unterscheidende Teile gegliedert. Nach Einleitungs- und Grußformel beginnt er mit einem hymnisch erhobenen Gebet, das Christus, den Allherrscher preist, der Juden und Heiden zum Heil ruft und in seinem geheimnisvollen Leib vereint (1,1–3,21). Ein zweiter Teil ermahnt zu einem guten Leben, wobei Anweisungen bis in Einzelheiten des täglichen Lebens eingreifen (4,1–6,20). Die Einheit der Kirche aus Juden und Heiden war das Vermächtnis, das Paulus seiner Schule hinterließ, die es gewissenhaft und sorgsam bewahrte. Auch im engen Zusammenhang zwischen Glauben und Leben erkennen wir ein Grundanliegen des Apostels, das verstanden worden war und weitergegeben wurde.

Die Paulusbriefe erscheinen wegen ihrer gedanklichen Verarbeitung der Christusbotschaft oft in der kirchlichen Liturgie. Sie waren auch ursprünglich zum Vorlesen in den Gemeinden bestimmt und besitzen eine große Lebendigkeit des Ausdrucks, weil die Begeisterung für die Sache Jesu den diktierenden Apostel spürbar hinriß. Mit Anreden »Brüder« oder »geliebte Brüder«, (was man heute gerne mit »Schwestern und

Brüder« dem Zeitgeschmack angleicht), Fragen, sich selbst gemachten Einwänden, Gegenüberstellungen und ähnlichem erreicht die Ausdrucksweise des Paulus eine Lebendigkeit, die ein literarisch ausgefeilter Kunstbrief nie zuwege brächte. Diese Eigenart verbunden mit einer ausgesprochen bildreichen Sprache macht es dem Lektor oder der Lektorin zugleich leicht und schwer, Paulustexte vorzutragen. Wichtig ist, daß der, welcher diese Worte wieder zum Leben erweckt, den Gedankengang des Apostels begreift, um ihn auch für andere nachvollziehbar zu machen. Gut wäre es außerdem, wenn der Vortragende über bestimmte Schlüsselbegriffe paulinischer Theologie (Gnade, Geist, Leib Christi) genauere Vorstellungen hätte.

Das Vermächtnis der apostolischen Zeit: Sicherung der Tradition

Das junge Christentum hatte Gefahren von zwei Seiten zu bestehen: Von außen durch Verfolgungen sowohl seitens des Judentums als auch von seiten der staatlichen Behörden Roms, welche die neue Religionsgemeinschaft zwar als jüdische Sekte betrachteten, den Zulauf zu ihr aus allen Gesellschaftsschichten aber beargwöhnten. Von innen bedrohten die Gemeinden das Nachlassen im Glaubenseifer und Zerwürfnisse, die bis zu Spaltungen führten, vor allem aber Irrlehrer, welche den überkommenen Christusglauben in der Substanz angriffen.

Gegen diese Fährnisse mußte sich die organisatorisch noch weithin ungefestigte Glaubensgemeinschaft zur Wehr setzen. Das besorgten zweifellos hochgebildete Theologen der zweiten Generation. Allerdings hatte keiner von ihnen mehr das Gewicht der Apostel. Sie nahmen daher deren Namen und Autorität in Anspruch, um den Gemeinden zu sagen, wie die Gefährten Jesu selbst in den aktuellen Krisen urteilen und raten würden. In diesen Zusammenhang gehören die restlichen Briefe des Neuen Testaments.

Der HEBRÄERBRIEF (Hebr) will den unter einer äußeren Bedrohung, vermutlich in der ersten großen Christenverfolgung unter dem römischen Kaiser Domitian (81–96 n. Chr.) leidenden Gläubigen, Mut und Zuversicht zusprechen. In mehrfachem Wechsel zwischen Darlegung des Glaubens und Mahnung zu einem entsprechenden Leben, entsteht eine imponierende Schau der Heilsgeschichte, die der Ermutigung einer von Verzagtheit ergriffenen Gemeinde dienen und sie aus ihrer Lethargie aufrütteln soll. Im Fluchtpunkt aller Überlegungen steht Jesus, dessen Erniedrigung Voraussetzung seiner Erhöhung war. So muß auch der an Jesus Glaubende in dieser Welt Leiden erdulden, um seinem Herrn ähnlich zu werden und so zu ihm zu finden.

Nicht an einzelne Gemeinden, sondern an deren Leiter sind die sogenannten »Pastoralbriefe« (pastores = Hirten) gerichtet. Wenn deren Verfasser den Eindruck erwecken, daß der alternde Apostel Paulus seinen Schülern Timotheus und Titus Ratschläge erteilt, kann man darin so etwas wie eine aktualisierende Paulusauslegung sehen.

Der ERSTE TIMOTHEUSBRIEF (1 Tim) ermuntert zu unerschrockener Verkündung des Glaubens, formuliert aber insbesondere eine bis ins einzelne gehende Gemeindeordnung mit Grundsätzen für die Bestellung von Gemeindeleitern (Epískopoi = Aufseher, Bischöfe) und deren Helfern (Diákonoi = Diener). Formal und inhaltlich eng mit dem Ersten Timotheusbrief verwandt ist der TITUSBRIEF (Tit). Er präzisiert die Pflichten des Gemeindeleiters weiter dahingehend, die Gläubigen zu einem sittlich einwandfreien Leben anzuhalten und Irrlehrern energisch entgegenzutreten. Der ZWEITE TIMOTHEUSBRIEF (2 Tim) erweckt den Eindruck eines geistigen Testaments, das Paulus hinterließ. Hier liegt der Schwerpunkt auf der Erinnerung, sich an die »gesunde Lehre« zu halten und sich keinesfalls durch Irrlehrer davon abbringen zu lassen.

Sieben Briefe im Neuen Testament werden nicht dem Apostel Paulus zugeschrieben. Seit alter Zeit nennt man sie »katholische« (= allgemeine) Briefe, weil sie nicht an eine bestimmte Gemeinde adressiert sind, sondern im Umlauf eine Vielzahl von ihnen ansprechen wollen. Der theologisch bedeutsame ERSTE PETRUSBRIEF (1 Petr) entfaltet unzweifelbar Gedankengut des Paulus, das offenbar für ganze Generationen von Theologen wegweisend blieb. Allerdings gibt es auch einen charakteristischen Unterschied: Während Paulus die Verpflichtung zu einem reinen Leben aus dem Gnadengeschenk der Erlösung folgert, soll der Christ nach dem Ersten Petrusbrief dem lebendigen Vorbild Jesu nacheifern (vgl. 2,21).

Der ZWEITE PETRUSBRIEF (2 Petr) hat nichts von dieser theologischen Reife. Er begnügt sich bei Bekämpfung der Irrlehrer mit dem Hinweis auf ihren ausschweifenden Lebenswandel und mahnt die Gemeinden, irregeleitete Glieder in die Gemeinschaft zurückzuführen, Unbelehrbare aber auszustoßen. Da manche Redewendungen im Zweiten Petrusbrief wörtlich mit solchen im JUDASBRIEF (Jud) übereinstimmen, ist eine literarische Abhängigkeit offenkundig.

Theologisch wichtiger sind die drei JOHANNESBRIEFE (1,2 und 3 Joh). Insbesondere der Erste Johannesbrief beschäftigt sich – ohne an eine bestimmte Gemeinde gerichtet zu sein – zur Abwehr falscher Glaubenslehren meditierend mit dem Kern der christlichen Botschaft. Er kommt zu dem Schluß, wer Christus liebt, muß auch seine Gebote halten, die letztlich darin gipfeln, den miterlösten Bruder zu lieben. Der Zweite und Dritte Johannesbrief bewegt sich gedanklich in ähnlichen Bahnen, nennt aber bestimmte Adressaten.

Von den Briefen der nachapostolischen Zeit erscheinen neben den Pastoralbriefen gelegentlich der Erste Petrusbrief und die Johannesbriefe in liturgischen Lesungen. In ihrer scheinbar so einfachen Diktion bewegen sie sich aber gedanklich auf hoher Ebene. Vor allem der Geist der Johannesbriefe ist den Zuhörern nur zu vermitteln, wenn der Vortragende wenigstens etwas in ihn eingedrungen ist.

Zuversicht in der Verfolgung unter Kaiser Domitian, die kurz vor dem gewaltsamen Ende des Despoten 95/96 n. Chr. ihren Höhepunkt erreichte, spendet die einzige im ursprünglichen Sinne prophetische Schrift des Neuen Testaments, die OFFENBARUNG DES JOHANNES (Offb). Das Buch ist klar gegliedert; auf Sendschreiben an sieben namentlich genannte kleinasiatische Gemeinden (1,9–3,22) folgen zwei Buchvisionen (4,1–16,21), eine Gerichtsvision (17,1–20,14) und eine ungemein prächtige Beschreibung des neuen, himmlischen Jerusalem (21,1–22,5). Jeder dieser Abschnitte ist wiederum in kleinere, selbständige Abschnitte unterteilt, so daß der Eindruck eines bis in kleinste Einzelheiten geplanten Werks entsteht. Man kann es wohl am zutreffendsten eine Buchprophetie nennen. Entgegen der früheren Meinung, eine Vorausschau der Geschichte bis zum Ende der Welt zu bieten, neigt man heute zu der Auffassung einer theologischen Geschichtsdeutung der damaligen Zeit für die damaligen Leser. Der Ausblick auf die Wiederkunft Christi ist ein deutlicher Nachhall der urchristlichen Naherwartung.

Ohne sich in Einzelheiten der Deutung zu verlieren sollte der Lektor oder die Lektorin, die diese Texte vortragen, den Kerngedanken erfassen: Der Glaubensabfall in der Verfolgung ist für jeden eine schreckliche Möglichkeit. Wer sich aber unverbrüchlich an Christus hält, wird an seinem Sieg über die satanische Gegenmacht Gottes teilhaben. Die unbändige Siegeszuversicht leuchtet durch jeden Abschnitt, ja durch jedes Wort. Wenigstens eine Idee davon sollten der Leser oder die Leserin im Vortrag den Zuhörern vermitteln können.

1.2.3 Die heilige Schrift in der Liturgie

Nach der 1969 in Kraft getretenen Neuordnung der katholischen Liturgie soll im Wortgottesdienst an den Sonntagen des Jahres eine Lesung aus dem Alten Testament, eine Epistellesung und eine aus den Evangelien der feiernden Gemeinde dargeboten werden. Bei der Zusammenstellung der neuen Leseordnung wurde darauf geachtet, die inneren Perspektiven der Heiligen Schrift aufzuzeigen. Die alttestamentliche Verheißung erfüllt sich in Jesus Christus und wird von der Verkündigung der Kirche aller Welt propagiert. So muß der Lektor oder die Lektorin den inneren Zusammenhang von alttestamentlicher und neutestamentlicher Lesung zu verstehen trachten, um sie verständig der Gemeinde darbieten zu können. Einem gut gestalteten Wortgottesdienst und einer überlegten Verkündigung sollte es gelingen, diese Verflechtung fest im Bewußtsein der Gläubigen zu verankern. Erst wenn wir die Heiligen Schriften als großes, organisches Ganzes erfahren, können wir den langen Atem der offenbarenden Liebe Gottes erahnen.

2. Kapitel

Die Funktion des Lektors / der Lektorin im Überlieferungsprozeß

Der Ort, wo der Lektor oder die Lektorin auftritt, um das Wort Gottes zur Sprache zu bringen, ist die liturgische Feier. Der Augenblick, in dem Wort Gottes hier laut wird, ist aber nur das letzte Glied in einer langen Kette der Tradition. Wenigstens in den wichtigsten Stationen sollte dieser Prozeß dem bewußt sein, der biblische Texte der hörenden Gemeinde vorträgt.

2.1 Die Schriftwerdung von Gottes Wort

Das gesprochene Wort geht immer dem geschriebenen voraus. Das gilt selbstverständlich auch für die heiligen Schriften, von denen wir glauben, daß sie göttliche Offenbarung enthalten.

Es ist uns heute nicht mehr möglich, die einzelnen Texte oder Textgruppen der Bibel bis zu ihrer ersten schriftlichen Fixierung zurückzuverfolgen. Deshalb ist es auch unmöglich, den Augenblick festzustellen, in dem der Schritt vom gesprochenen zum geschriebenen Wort vollzogen wurde. Sicher ist aber, daß in allen Texten, vornehmlich solchen, die Verkündigungs- oder Bekenntnischarakter haben, und das sind sowohl im Alten als auch im Neuen Testament der überwiegende Teil, das gesprochene Wort dem geschriebenen teilweise um viele Generationen vorangeht. Das gilt in besonderer Weise für die ältesten Zeiten der Überlieferung, als der Gebrauch der Schrift noch nicht erfunden oder ein Privileg ganz weniger war. Hier denke man vor allem an die Patriarchenerzählungen der Bücher Genesis oder Exodus, die über lange Zeiträume von Generation zu Generation mündlich weitergegeben wurden.

Wie aber können wir den Zusammenhang zwischen Gottes

Offenbarung und seiner Erfassung im zeitgebundenen Menschenwort näherhin begreifen? In vielen erzählenden Teilen des Alten Testaments finden wir Wortwendungen wie: »Da sprach Jahwe zum König« oder »da sprach der König zum Volk: so spricht Jahwe, der Gott Israels«. Ist da etwa der Punkt getroffen, wo Gott in direktem Dialog mit den Menschen ein Gespräch führte und so das gesprochene Wort einen direkten Bezug zur Offenbarung erhält? Daß es sich bei solchen Redewendungen um eine feststehende Ausdrucksweise handelt, die nicht wortwörtlich verstanden werden darf, sieht wohl jeder ein. Wie ist sie aber richtig zu verstehen?

Israel ist vom Glauben durchdrungen, daß Gott – wie bei der Befreiung aus der Knechtschaft Ägyptens – sein Volk in jeder Lage in besonderer Weise führt. Das bedeutet, daß alle Umstände, auch die politischer, sozialer oder allgemeiner Natur von Gott gewirkt oder zugelassen sind. Wenn also der KÖNIG eine Entscheidung aufgrund der besonderen Umstände trifft, in denen sich das Volk gerade befindet, kann er seinen Entschluß mit Fug und Recht als einen »Spruch Jahwes« bezeichnen. Jede Situation ist nach dem Glauben Israels gottgewirkt. Folglich kann der politisch Verantwortliche sagen, daß Gott diese oder jene Handlung anordnet, die zum Wohle des Volkes erforderlich ist. Das gilt auch – was unserem frommen Empfinden widerspricht – für die kriegerische Tat, die nach damaligem Brauch auch schlimme Grausamkeiten – wie die Tötung aller Bewohner einer feindlichen Stadt – einschloß (vgl. 1 Sam 15,2f).

Ähnlich wie sich die Führer des Volkes legitimerweise auf den »Spruch Jahwes« beriefen, können es – sicherlich mit noch mehr Recht – die PROPHETEN. Sie künden ja nicht aus eigener Weisheit oder Einsicht, sondern weil sie von der Tatsache, daß Gott im Weltgeschehen wirkt, vollkommen durchdrungen sind. Sie haben erfaßt und verinnerlicht, daß Gott gerecht ist, ein unbestechlicher Richter über alle Taten und Untaten der Menschen. Sie wissen um die absolute Verbindlichkeit seines Willens und seiner Gesetze. Darum dürfen sie ihr Urteil über das Treiben der Menschen als »Spruch Jahwes« oder »Spruch des Herrn« ausgeben. So gesehen, sprach Gott wirklich »durch die Propheten«, wie wir im apostolischen Glaubensbekenntnis bezeugen. Gott spricht zu uns nämlich immer durch Menschen.

Am ehesten könnte man bei den zahlreichen GESETZESTEXTEN daran denken, daß der geschriebene Text ohne das vorherige kündende Wort niedergelegt wurde. Wenn irgendwo, so scheint hier Gottes geoffenbarter Wille unmittelbar in die schriftliche Fixierung eingegangen zu sein. Verhält es sich aber wirklich so?

Vor der Übertragung der Zehn Gebote heißt es: »Dann sprach Gott alle diese Worte: . . .« (Ex 20,1). Hat Gott selbst also Mose seine Gebote gleichsam in die Feder diktiert? Auch die Reinheitsgesetze und die kultischen Gesetze werden ähnlich als »Worte Jahwes« erklärt.

Hinter diesen Formulierungen steht aber im Grunde die gleiche Auffassung, wie wir sie bei den Anordnungen der Könige oder der Verkündigung der Propheten analysiert haben. Wie dort, so offenbart sich insbesondere in der Gesetzgebung am Sinai der Wille Jahwes zur Ordnung. Um aber eine stabile und gerechte Ordnung unter Menschen zu errichten, sind allgemeinverbindliche Normen vonnöten. Diese Normen stellen die Zehn Gebote in einzigartiger Weise dar, weil sie in der sogenannten »zweiten Tafel« (im vierten bis zehnten Gebot) das, was wir heute als »Naturrechte« bezeichnen würden, in knapper, allgemeinverständlicher und leicht merkbarer Form benennen. Sie sind insofern von Gott unmittelbar gegeben, als sie in der Natur des Menschen liegen. Wenn also die Bibel es so darstellt, daß Mose die Zehn Gebote direkt von Gott erhielt, so drückt sie auf ihre Weise nur aus, daß diese Normen sowohl gottunmittelbar als auch allgemeinverbindlich sind und Gott ihre strikte Befolgung von allen Menschen verlangt.

Von den zahlreichen Vorschriften der Reinheitsgesetze und der kultischen Gebote gilt das natürlich nicht in gleicher Weise. Allerdings können sie als »Zaun des Gesetzes« verstanden werden, welcher die Befolgung der ihnen zugrundeliegenden, Ehrfurcht gebietenden Gottesverehrung schützt. Auch in diesen, im neuen Bund nicht mehr gültigen Bestimmungen ist also gewissermaßen Gottes Wort und Wille ausgedrückt.

Wenn in allen diesen Fällen Gott als Gesetzgeber erscheint, muß man daraus nicht zwingend folgern, daß Gott unmittelbar ins Weltgeschehen eingegriffen hätte und persönlich in Erscheinung getreten wäre. Gott spricht zu uns durch Menschen. So ist es auch hier. Die Gesetze sind zwar von Gott, aber durch Mose, Josua, David oder später durch die Priester gegeben worden, die seinen Auftrag so ausführten, wie sie ihn verstanden. Sie sind es auch, die diese Verhaltensregeln schriftlich niederlegten.

Einen Sonderfall stellt in gewisser Weise die Briefliteratur des Neuen Testaments dar. Hier scheint in der Tat die schriftliche Fixierung der mündlich verkündeten Botschaft vorauszugehen. Es gilt dabei allerdings zu bedenken, daß sich vor allem Paulus in seinen Schreiben mehrfach auf seine Verkündigung in den von ihm gegründeten Gemeinden bezieht. Er will durch seine Briefe ja nur den Kontakt zu den Gemeinden halten oder – wie im Römerbrief – herstellen. Er benutzt das Medium der Schrift ja nur deshalb, weil er nicht persönlich immer wieder zu den Gemeinden kommen kann, zu ihnen aber weiter sprechen will. Deshalb ist auch zu berücksichtigen, daß die Briefe keine Mitteilungen an Privatpersonen sind, sondern als Gemeindebriefe den Gemeinden zugänglich gemacht, daher öffentlich vorgelesen werden sollen. Auch die Schriftprophetie der Offenbarung des Johannes ist als Trostbotschaft in der Verfolgung so zu interpretieren.

2.2 Die Sprachen der Bibel

In der Leidensgeschichte Jesu nach Johannes lesen wir, daß Pilatus oben am Kreuz Jesu eine Inschrift anbringen ließ, welche den Namen des Gekreuzigten und die Ursache seiner Hinrichtung bezeichnete: »Jesus von Nazaret, König der Juden. . . . Die Inschrift war hebräisch, lateinisch und griechisch abgefaßt« (Joh 19,19f). Damit sind drei für die Bibel wichtige Sprachen genannt. *Hebräisch* und *Griechisch* sind die damaligen Verkehrssprachen, in denen auch die Bücher des Alten und des Neuen Testaments geschrieben sind. *Lateinisch* spielte kurz darauf die entscheidende Rolle als Verwaltungsprache des Römerreichs. In ihr wurden die Heiligen Schriften in der ganzen damals bekannten Welt verbreitet.

2.2.1 Hebräisch: Die Sprache des Alten Testaments

Der überwiegende Teil des Alten Testaments ist in hebräischer Sprache geschrieben. Dabei muß man bedenken, daß »Hebräisch« ein Sammelbegriff für eine bestimmte semitische Sprache ist. Das Volk Israel übernahm diesen Dialekt Kanaans und benutzte ihn in der hohen Zeit seiner Geschichte von der Zeit Davids (ca. 1000 v. Chr.) bis zur Babylonischen Gefangenschaft (586 v. Chr.). In diesem Idiom sind alle seine Heiligen Schriften abgefaßt.

Bei ihrer Rückkehr aus dem Exil brachten die Juden die Kanzleisprache des Perserreiches mit, das sogenannte Reichsaramäische. Es wurde im täglichen Gebrauch abgeschliffen und mutierte zu einer Volkssprache. Vom alten Hebräisch unterschied es sich allerdings erheblich. Im Synagogengottesdienst wurden die heiligen Texte zwar noch in der überlieferten Form vorgelesen, aber kaum noch verstanden. Darum mußten sie in die Umgangssprache, das Aramäische, übersetzt werden. Die Übersetzung erfolgte zunächst spontan von Personen, die beider Sprachen mächtig waren. Später wurden solche Übersetzungen auch schriftlich festgehalten. Einige solcher Übersetzungen, sogenannte Targume, sind uns heute noch erhalten.

Das Aramäische blieb die verbreitetste Umgangssprache in Palästina. Es war die Muttersprache Jesu. Auch seine Jünger werden sich in dieser Sprache verständigt haben.

2.2.2 Griechisch: Die Sprache der jüdischen Diaspora und der christlichen Mission

Im weiteren Umfeld des Orients hatte allerdings das Griechische das Aramäische aus dem Feld geschlagen. Ursache dafür war der Siegeszug Alexanders des Großen (336–323 v. Chr.), der nicht eine blindwütige Eroberung im Auge hatte, sondern den Orient mit der griechischen Welt versöhnen wollte. Obwohl die politische Einheit des Riesenreiches nach dem frühen Tod des erst 33jährigen Alexander zerfiel, setzte sich das Griechische als Verkehrssprache der Kaufleute und Gelehrten zwischen dem griechischen Kernland und Persien, zwischen dem Schwarzen Meer und Ägypten mehr und mehr durch.

Im Gefolge der Babylonischen Gefangenschaft waren viele Juden aus ihrer Heimat ausgewandert und hatten Gemeinden in den größeren Städten rings um Palästina zwischen Syrien und Ägypten gebildet. Diese jüdischen Gemeinden etablierten sich fest in ihrer Umgebung und waren gezwungen, sich im Laufe mehrerer Generationen an ihre Umwelt anzupassen. In dem Maße, in dem das Griechische als gängige Verkehrssprache den gesamten Handel beherrschte, geriet bei ihnen das Hebräische außer Übung. Bereits im 3. Jahrhundert v. Chr. dürfte es jüdische Gemeinden gegeben haben, die des Hebräischen nicht mehr mächtig waren. Um jedoch den Zusammenhalt der jüdischen Glaubensgemeinschaft zu bewahren, entstand das Bedürfnis, die Heiligen Schriften des Judentums in die Verkehrssprache, ins Griechische zu übersetzen. Mitte des 2. Jahrhunderts v. Chr. dürfte in Unterägypten, wo im bedeutenden Handelszentrum Alexandrien eine starke und einflußreiche jüdische Gemeinde gewachsen war, eine solche Übersetzung entstanden sein. Nach der Legende, wonach 72 Gelehrte getrennt voneinander eine wörtlich übereinstimmende Übersetzung zuwege gebracht hätten, wird sie als »Septuaginta« (griechisch = siebzig) bezeichnet. Das »Wunder«, von dem die Legende berichtet, will diese Übersetzung als gottgewollt und der hebräischen Urfassung gleichrangig ausweisen.

Nun ist bei aller Sorgfalt keine Übersetzung mit dem Urtext absolut deckungsgleich. Jeder, der einmal die Übertragung von einer in eine andere Sprache versucht hat – und sei es auch nur im Fremdsprachenunterricht der Schule – weiß das. Das gilt selbstverständlich nicht von naturwissenschaftlich feststehenden, einfachen Sachverhalten, wie etwa »zwei und zwei ist vier«. Es gilt aber umso mehr bei philosophischen, noch stärker bei religiösen Begriffen, die vom kulturellen Umfeld in unverwechselbarer Weise geprägt sind. Drei Beispiele mögen das illustrieren:

1. Die Septuaginta übersetzt den hebräischen Begriff haelohim, Gott, konsequent mit dem griechischen Begriff theós. Für den Hebräer ist Gott zwar dem Volk stets gegenwärtig, aber doch so erhaben, daß er kein Bild von sich duldet. Für den Griechen ist der Gott immer konkret, so sehr, daß man selbstverständlich von ihm ein Bild machen kann. Die griechische Kunst hat sogar eine einsame Meisterschaft entwickelt, um einzigartige Götterbilder in Menschengestalt zu formen.

2. Der hebräische Gottesname Jahwe wird in der Septuaginta durchgehend mit dem griechischen Begriff Kyrios, der Herr, wiedergegeben. Es ist der Königstitel, der die Machtfülle des Herrschers über die ihm verfügbare Welt bezeichnet. Diese Konkretisierung begünstigte die Übertragung bestimmter Vorstellungen und Begriffe auf Christus, den auferstandenen Herrn, und bereitete somit dem christlichen Schriftbeweis den Weg, daß Jesus der verheißene Messias ist.

3. In der berühmten Jesaia-Prophezeihung Jes 7,14. »Seht, die Jungfrau wird ein Kind empfangen, sie wird einen Sohn gebären, und sie wird ihm den Namen Immanuel (= Gott mit uns) geben« steht im hebräischen Urtext das Wort alma (= junge Frau). Die Septuaginta benutzt hierfür das griechische parthénos, das eine noch unberührte unverheiratete Frau bezeichnet. Diese Akzentverschiebung hatte ihre Folgen in der Theologiegeschichte.

Diese Beispiele mögen genügen, um die Wechselwirkung zu illustrieren, die jede Übersetzung in sich trägt. Einerseits erschließt sie mit der fremden Sprache den Inhalt auch fremdem Denken. Andererseits wirkt die fremde Sprache durch die von ihrer ganzen Kultur geprägte Begrifflichkeit zurück auf den Inhalt und verschiebt oft unmerklich den ursprünglichen Sinn um Nuancen.

In der jüdischen Diaspora war die griechische Version der Thora durchaus gängig und wurde auch im Synagogengottesdienst benutzt. Müßig zu sagen, daß die Bibel der jungen Christenheit natürlich ihre griechische Übersetzung darstellte. Auf sie beruft sich Paulus in den unzähligen Schriftzitaten seiner Briefe. Auf sie nehmen auch die Evangelien Bezug, wenn sie Jesus als den verheißenen Messias erweisen wollen.

Griechisch war die Sprache, der sich die junge Kirche zur Glaubensverkündigung in Wort und Schrift bediente. Eine erstaunlich lange Zeit wurde die Botschaft von Jesus Christus, dem Herrn der Welt, mündlich weitergegeben. Wenn man einmal von den Briefen des Apostels Paulus absieht, die der Aufrechterhaltung oder der Knüpfung von Kontakten mit Gemeinden dienten. Die ersten Kristallisationspunkte einer festen Tradition sind kurze Glaubensformeln, die unmittelbar griechisch geprägt werden.

Der erste Versuch, in zusammenhängender Form die Person Jesu und seine Lehre darzustellen, unternimmt Markus, der zu diesem Zweck mündlich umlaufende Geschichten sammelt und zusammenfaßt. Heute bezeichnet man dieses Verfahren als »narrative Theologie«. Dann folgen jedoch in kurzen Abständen andere Versuche, nach bestimmten theologischen Konzeptionen den in der Verkündigung umlaufenden Traditionsstoff zu sammeln und literarisch zu verarbeiten. Der Einfluß griechischen Denkens ist dabei nicht nur bei Lukas und Johannes, sondern bis ins Matthäusevangelium hinein festzustellen, das sich offenkundig an die aus dem Judentum kommenden Gläubigen wendet. Nur in diesem geistigen Umfeld konnte die christliche Botschaft dauerhaft Fuß fassen.

2.2.3 Lateinisch: Die Verwaltungs- und Umgangssprache des römischen Weltreichs

Vor allem in den östlichen Teilen des Römerreichs blieb das Griechische bis zur Mitte des dritten Jahrhunderts die beherrschende Verkehrs- und Amtssprache. In den westlichen Provinzen und in Nordafrika dominierte aber bereits das Lateinische. In diesen Regionen kam darum schon früh das Bedürfnis auf, die Heiligen Schriften in der Umgangssprache zu lesen und zu verstehen. So entstanden hier bereits im zweiten und dritten Jahrhundert unabhängig voneinander manche Übersetzungen vorwiegend für den liturgischen Gebrauch, aber auch für Katechese und Verkündigung. Sie umfaßten daher nicht die ganze Bibel, sondern beschränkten sich auf wichtige Passagen des Alten Testaments oder auf das eine oder andere Buch des Neuen Testaments.

Um die vielfältigen und in ihrer Qualität oft sehr unterschiedlichen lateinischen Übersetzungen zu vereinheitlichen, beschloß Papst Damasus (366–384), einen verbindlichen Einheitstext erstellen zu lassen. Mit dieser ungemein komplizierten und anspruchsvollen Aufgabe betraute er den bedeutendsten Sprachkenner der damaligen Zeit, den dalmatinischen Gelehrten Eusebius Hieronymus (347–419).

Dieser begnügte sich zunächst mit einer Revision der Evangelientexte und der Psalmen. Je tiefer er in die Materie eindrang, desto mehr wurde Hieronymus klar, daß es damit nicht getan war. Nach Bethlehem übersiedelt, widmete er sich ausgedehnten Studien der hebräischen Sprache und begann 390, das gesamte Alte Testament aus dem Urtext ins Lateinische neu zu übersetzen. *Diese Version wurde schließlich als Vulgata (= die allgemein Verbreitete) zum offiziellen Text der Kirche erklärt. In dieser Form lernten die Völker des Abendlands, und zwar sowohl Romanen als auch Germanen, mit dem Latein als Sprache der Gebildeten die Heilige Schrift kennen.*

2.2.4 Die vielen anderen Sprachen: Die Bibel – das Buch aller Völker

Seine dominierende Stellung behielt das Lateinische bis weit ins hohe Mittelalter, ja bis an die Schwelle zur Neuzeit. Trotzdem bestand mit dem weiteren Vordringen der christlichen Mission nach Norden und Osten bereits zu Zeiten des Bonifatius (673–754) das Bedürfnis, wenigstens Teile der Bibel in die jeweilige Volkssprache zu übertragen. Von diesen ersten Versuchen zwischen 700 und 1000 sind uns nur Bruchstücke erhalten. Populär waren biblische Dichtungen, wie etwa der altsächsische Heliand. Nach neuen Schätzungen waren während des 13. Jahrhunderts im damals relativ dünn besiedelten deutschen Sprachraum zwischen drei- und viertausend deutsche Bibelhandschriften im Umlauf. Der erste Bibeldruck in deutscher Sprache erschien in Straßburg im Jahr 1466. Zwischen

1466 und 1521 wurden im deutschen Sprachraum vierzehn hochdeutsche und vier niederdeutsche Bibelübersetzungen gedruckt. Die Grundlage dieser Übersetzungen bildete jeweils die lateinische Vulgata.

Erst Martin Luther (1483–1546) erkannte die Notwendigkeit, einer deutschen Übersetzung jeweils den Urtext zugrunde zu legen. Er begann 1522 auf der Wartburg mit der Übersetzung des Neuen Testaments. Bis 1532 folgten allmählich auch alle Bücher des Alten Testaments. Die besondere Leistung Luthers war es, die Heilige Schrift aus dem Urtext dem deutschen Sprachgeist weitestmöglich anzupassen. Daß er durch eine eigenwillige Wortwahl insbesondere bei den Paulusbriefen seine dogmatischen Vorstellungen in die Übersetzung einbrachte, schmälert nicht sein Verdienst, macht die unbesehene Verwendung aber doch problematisch. Um die Lutherbibel dem inzwischen eingetretenen erheblichen Wandel der Sprache anzugleichen, wurde sie bis heute mehrfach revidiert.

Das Bedürfnis, die Heilige Schrift in der Umgangssprache zu lesen, zeigte sich seit der Bibelübersetzung des Reformators zunehmend auch in anderen Sprachen. Insofern folgte man den Wegen Luthers, als es zunehmend üblich wurde, nicht mehr den Text der Vulgata oder der Septuaginta diesen Übertragungen zugrunde zu legen, sondern auf den hebräischen bzw. griechischen Urtext zurückzugehen, allerdings zur Wahrung der Tradition diese alten Übersetzungen mit heranzuziehen und zu berücksichtigen. Heute ist die ganze Bibel (Altes und Neues Testament) in 366 Sprachen übersetzt, nur das Neue Testament in 928 Sprachen und kleinere Bibelteile in 918 Sprachen (Stand 1998). Damit zählt die Heilige Schrift zum verbreitetsten Buch der Welt überhaupt.

2.3 Der Lektor/die Lektorin als Herold von Gottes Wort

Wie wir gesehen haben, ist der Überlieferungsprozeß von Gottes Wort ein langer, sich über viele Jahrhunderte erstreckender Vorgang. Dank der Erfindung der Schrift erweist er sich als überaus zuverlässig. Die Übersetzung in andere Sprachen eröffnet dem Wort Gottes fremde Kulturkreise. Nur soll es in unserer Gegenwart wieder zu vernehmlichem Wort werden, das auch hier und heute betroffen macht.

Diese Funktion soll der Lektor oder die Lektorin für die zum Gottesdienst versammmelte Gemeinde ausüben. Ein hoher Anspruch ist es, der dem zugetraut wird, der Gottes Wort zu neuem Leben erwecken soll.

Dazu ist in erster Linie nötig, daß der oder die Vortragende um die Bedeutung der wiederzugebenden Texte weiß. Die ganze Bibel des Alten und des Neuen Testaments ist ihrer ganzen Struktur nach zutiefst Verkündigung, Anruf an den hörenden Menschen, der nach ihrem Bekenntnis verlangt. Es wäre ein gröbliches Mißverständnis, wollte man in den Schrifttexten primär etwas anderes sehen. Die Heilige Schrift ist beispielsweise keine Sammlung von Gesetzen und Vorschriften, obwohl natürlich Gesetze und Vorschriften in ihr vorkommen. Sie ist auch kein Weisheitsbuch, obwohl natürlich in manchen Passagen beherzigenswerte Weisheitslehren enthalten sind. Sie ist auch keine Anleitung zu einer frommen Lebensführung, obwohl man in ihr manche Anweisung zu frommer Lebensführung finden mag. Sie ist letztlich nicht einmal ein fertig formuliertes Glaubensbekenntnis, obwohl jede Zeile in ihr vom Glauben an Gott, seine Nähe und seinem Willen zur Erlösung des Menschen zeugt.

Die Bibel ist mehr als alle diese Einzelelemente, sie ist Gottes Wort, gesprochen in und für eine bestimmte geschichtliche Situation, gerichtet an Menschen in einer ganz konkreten persönlichen und gesellschaftlichen Lage. Der Auftrag und die Kunst des Lektors oder der Lektorin besteht darin, dieses für eine geschichtliche Stunde bestimmte Wort Gottes für die hörende Gemeinde hier und jetzt zu neuem Leben zu erwecken. Dabei sollen die gegenwärtig lauschenden Menschen Gottes Zuspruch erfahren und – ein Idealfall – davon betroffen werden. Die auslegende Predigt mag das dann weiter vertiefen.

Betroffenheit vermitteln wird der Lektor aber nur, wenn er selbst betroffen ist, Gottes Anspruch spürt und ihm zu entsprechen bereit ist. Eine gewaltige Forderung, die nicht immer in ihrer ganzen Schwere ins Bewußtsein dringt, aber objektiv doch besteht.

Vielleicht hilft dabei der Gedanke, daß der oder die Vortragende nicht allein steht, sondern in der langen Reihe von vielen hundert Generationen, die diesen Auftrag ebenfalls wahrgenommen und pflichtgetreu erfüllt haben. Denn die Bibel ist immer ein Buch der Kirche, ihr übertragen und von ihr weitergetragen, um allen Menschen aller Zeiten und allerorten Gottes Wort anzubieten. Für die Erfüllung dieses Auftrags reicht aber guter Wille allein nicht aus. Eine gewisse Schulung ist dafür unerläßlich.

3. Kapitel

Der liturgische Dienst des Lektors / der Lektorin für die Gemeinde

Alle Bücher des Bibel sind von ihrer Entstehung her für den mündlichen Vortrag bestimmt. Auch heute, wo die meisten Menschen selbst lesen können, sollte man sich an diese Tatsache erinnern. Das gesprochene Wort hat gegenüber dem geschriebenen immer noch den Vorteil, den adäquateren Ausdruck für Gottes Wort, das immer persönliche Anrede, eben An-Spruch ist, darzustellen. Insofern ist die Funktion des Lektors oder der Lektorin im Gottesdienst der Gemeinde unersetzlich.

3.1 Christliche Gemeinde und ihr Gottesdienst

Der Apostel Paulus beginnt seinen Ersten Brief an die Korinther mit den Worten: »Paulus, durch den Willen Gottes berufener Apostel Christi Jesu, und der Bruder Sosthenes an die Kirche Gottes in Korinth«. Daraus spricht ein besonderes Verständnis christlicher Gemeinde, das auch für uns richtungsweisend sein sollte. Kirche ist für den Apostel selbstverständlich die Sammlung aller Christen allüberall auf der Welt, die auf den Ruf Gottes geantwortet haben und sich zum Glauben an den Weltenherrn Jesus Christus bekennen (vgl. 1 Kor 1,2). Vollgültige »Kirche« ist aber auch jede Ortsgemeinde. Sie verkörpert nämlich die Gesamtheit der Glaubenden und Erlösten am jeweiligen Ort. Kirche ist für Paulus keine blutleere Abstraktion. Sie stellt sich vielmehr konkret nur in der Einzelgemeinde am Ort dar. Darum ist auch jede Einzelgemeinde für ihn »Kirche Gottes« (1 Kor 10,32; 11,16.22; 1 Thess 2,14; 2 Thess 1,4) oder »Kirche Christi« (Röm 16,16) im eigentlichen Sinn.

Um sich aber als »Kirche Gottes« darzustellen, braucht die Ortsgemeinde die Versammlung, das Zusammenkommen zum Hören von Gottes Wort, zum antwortenden Gebet und zur Feier des Herrenmahles. So praktizierte es auch die Gemeinde von Korinth, wie wir zuverlässig aus dem 11. Kapitel des Ersten Korintherbriefes wissen.

Die Grundstruktur des Wortgottesdienstes übernahm die frühe Christenheit weithin vom zeitgenössischen Synagogengottesdienst. Für diesen galten zur Zeit Jesu einige besondere Regeln. Um ein Mindestmaß an Repräsentanz der Gemeinde zu gewährleisten, sollten wenigstens zehn Personen anwesend sein. Deshalb wurde es üblich, solche zur Teilnahme zu verpflichten, die ohne Arbeit waren. Der Gottesdienst begann mit der Rezitation des Schemá-Gebets (»Höre, Israel«), dem für jeden Juden selbstverständlichen Bekenntnis zum Eingottglauben und zu den Zehn Geboten. Es folgte das »Achtzehngebet«, in dem achtzehn wesentliche Segenssprüche zusammengefaßt waren. Aus dieser Übung ist zu erklären, daß bis heute in der Meßliturgie das Gebet vor den Lesungen steht.

Die Schriftlesungen begannen mit einem Vortrag aus der Torá (den fünf Büchern Mose), dem vor allem an Festtagen eine zum Festcharakter passende zweite Lesung aus den »Propheten« (nach jüdischem Verständnis zählten auch die geschichtlichen Bücher von Josua bis zu den Königsbüchern dazu) angeschlossen wurde. Eine Predigt legte das Gehörte für die Anwesenden aus, in der die Mahnung dominierte, das Leben nach Gottes Wort auszurichten. Üblicherweise schloß der Synagogengottesdienst mit einem Segenswunsch.

Aufgrund der Angaben im Ersten Korintherbrief (1 Kor 11,2–16 und 14,26–40) können wir die Gestalt des frühchristlichen Wortgottesdienstes zwar nicht genau rekonstruieren, erkennen aber die Elemente wieder, die in ihm maßgeblich waren. So gab es das Gebet und die prophetische Rede, zu denen bestimmte Gemeindeglieder ihren Beitrag leisten durften. Merkwürdigerweise erwähnt Paulus nicht die Lesung. Das mag aber mit zwei Dingen zusammenhängen. Einerseits war dieser Bestandteil offenbar so fest im Ablauf verankert, daß er nicht eigens erwähnt werden mußte. Andererseits war hierüber keine Anfrage beim Apostel eingegangen, so daß er sich nicht genötigt sah, zu diesem Punkt Stellung zu nehmen. Auch die Predigt, die in Korinth sicher ihren Platz hatte, wird von Paulus nicht eigens erwähnt, was vermutlich die gleichen Ursachen hat.

Ausführlicher läßt sich der Apostel zur Eucharistiefeier vernehmen, weil er in Korinth eingerissene gefährliche Mißbräuche rügen muß (1 Kor 11,17–34). Es hatten sich bei der Feier des Herrenmahles Gruppen gebildet und man wartete beim einleitenden Sättigungsmahl, der Agape, nicht das Eintreffen aller Gemeindeglieder ab. So aber – und das rügt Paulus ausdrücklich – kann diese Feier nicht mehr ein Zeichen der Einheit und Liebe in der Gemeinde sein. Sie wird ihres eigentlichen Sinnes entleert. Diesem Mißverhalten setzt Paulus den überkommenen Abendmahlsbericht als verbindliche Norm entgegen. Es würde ihrem inneren Wesen widersprechen, wollte man die Vergegenwärtigung des Herrentodes nicht als Verpflichtung zum christlichen Leben, zu Einheit und Liebe verstehen. Er schließt mit der ernsten Warnung, daß Gottes Gericht jedes Versagen an diesem Auftrag ahnden wird, ja er sieht es schon jetzt in den dunklen Mächten der Krankheit und des Todes wirksam.

Die enge Verbindung der Anweisungen des Apostels zu Wortgottesdienst und Eucharistiefeier legt die Vermutung nahe, daß beide bereits in Korinth – wenn nicht immer – miteinander verbunden waren, wenigstens die unmittelbare Aufeinanderfolge nicht ungewöhnlich. Sicher ist, daß bereits um die Jahrhundertwende beides als zusammengehörig empfunden wurde. Justinus der Märtyrer zählt um 150 als die wesentlichen Bestandteile des christlichen Gottesdienstes auf: Lesung aus dem Alten und dem Neuen Testament, Predigt des Vorstehers, allgemeines Fürbittgebet, Friedenskuß, Opferung von Brot und Wein, eucharistisches Gebet über die Opfergaben, Kommunion aller Gläubigen.

Unsicher ist der Zusammenhang mit dem allgemeinen Liebesmahl, der Agape, der in Korinth offensichtlich bestand, für die folgende Zeit. Während der ersten vier Jahrhunderte ist es vor allem im Osten als Ausdruck der brüderlichen Liebe und zur Unterstützung der Armen vielfach bezeugt. Anfangs erscheint es überwiegend mit der Eucharistiefeier verbunden, bald aber immer häufiger von ihr getrennt. Im 4. Jahrhundert kommt die Agape allmählich außer Übung. Von da an tritt aber Wortgottesdienst und Eucharistiefeier nur noch als geschlossene Einheit auf. Die frühere Vielfalt der Texte weicht allerdings mehr und mehr einer formalisierten Erstarrung. Im Abendland setzte sich dabei zunehmend der nüchterne römische Ritus durch.

Gegen das Vorherrschen des Opfergedankens der Messe versuchten die Reformatoren, den Wortgottesdienst wieder als eigenständigen Teil der Liturgie zu neuem Leben zu erwekken. Diese einseitige Ausrichtung bewirkte aber in der katholischen Kirche nur eine weitere Festigung des Ritus. Als amtliche Ausgabe für die Feier der Meßliturgie approbierte Papst Pius V. 1570 das Missale Romanum, das von da an bis ins 20. Jahrhundert den Ritus des katholischen Gottesdienstes bis ins kleinste festlegte.

Erst die liturgische Bewegung am Beginn des 20. Jahrhunderts entdeckte die Bedeutung des Wortgottesdienstes und der Beteiligung der anwesenden Gemeinde durch Gebet und Lied neu. Das Zweite Vatikanische Konzil schließlich versuchte in seiner Konstitution »Über die heilige Liturgie« dem Wortgottesdienst seinen ursprünglichen Stellenwert wiederzugeben.

Dieses Konzilsdokument setzt einige wichtige Akzente. Zunächst erinnert es daran, daß Christus im Meßopfer nicht nur unter den Gestalten von Brot und Wein gegenwärtig wird, sondern auch im Wort. »Gegenwärtig ist er in seinem Wort, da er selbst spricht, wenn die heiligen Schriften in der Kirche gelesen werden.« (Nr. 7). Deshalb ist die Bibel seit jeher von überaus großer Bedeutung für die gesamte Liturgie. »Von größtem Gewicht für die Liturgiefeier ist die Heilige Schrift. Aus ihr werden nämlich Lesungen vorgetragen und in der Homilie ausgedeutet, aus ihr werden Psalmen gesungen, unter ihrem Anhauch und Antrieb sind liturgische Gebete, Orationen und Gesänge geschaffen worden, und aus ihr empfangen Handlungen und Zeichen ihre Bedeutung. Um daher Erneuerung, Fortschritt und Anpassung der heiligen Liturgie voranzutreiben, muß jenes innige und lebendige Ergriffensein von der Heiligen Schrift gefördert werden, von dem die ehrwürdige Überlieferung östlicher und westlicher Riten zeugt.« (Nr. 24).

Um die Bibel noch mehr in den Mittelpunkt der kirchlichen Liturgie zu stellen, erhob das Zweite Vatikanische Konzil die Forderung, »daß den Gläubigen der Tisch des Gotteswortes reicher bereitet werde. Die Schatzkammer der Bibel soll weiter aufgetan werden« (Nr. 51). Inzwischen wurde daraus in der Liturgiereform die Konsequenz gezogen. Seither kommen die Schriften des Alten und des Neuen Testaments in einem Dreijahresrhythmus in weitaus größerem Umfang zur Sprache, als es vorher der Fall war.

Das eigentliche Anliegen, das in der Liturgiekonstitution deutlich formuliert wurde, war es aber, den Wortgottesdienst wieder als gleichberechtigten Teil der Messe neben den Opfergottesdienst zu stellen. »Die beiden Teile, aus denen die Messe gewissermaßen besteht, nämlich Wortgottesdienst und Eucharistiefeier, sind so eng miteinander verbunden, daß sie einen einzigen Kultakt ausmachen. Daher mahnt die Heilige Versammlung die Seelsorger eindringlich, sie sollen in der religiösen Unterweisung die Gläubigen mit Eifer belehren, an der ganzen Messe teilzunehmen, vor allem an Sonntagen und gebotenen Feiertagen.« (Nr. 56). Hier sei daran erinnert, daß das alle Katholiken verpflichtende Sonntagsgebot früher eng ausgelegt wurde, und nur die Teilnahme am Opfergottesdienst streng geboten war. Insofern brachte hier das Zweite Vaticanum eine dringend gebotene Korrektur an.

3.2 Das Dienstamt des Lektors/der Lektorin

Die verschiedenen liturgischen Dienste, auch der des Lektors beziehungsweise der Lektorin, erfuhren in dem erwähnten kirchlichen Dokument gebührende Erwähnung. »Die Ministranten, Lektoren, Kommentatoren und die Mitglieder der Kirchenchöre vollziehen einen wahrhaft liturgischen Dienst. Deswegen sollen sie ihre Aufgabe in aufrichtiger Frömmigkeit und in einer Ordnung erfüllen, wie sie einem solchen Dienst ziemt und wie sie das Volk mit Recht von ihnen verlangt.« (Nr. 29).

Zunächst aber ist ein Blick in die Liturgiegeschichte recht lehrreich, um Funktion und Stellung derer besser zu erkennen, die sich dem Lektorendienst widmen. Wie bereits erwähnt, übernahm der christliche Gottesdienst von der Synagoge die Übung der regelmäßigen Schriftlesung. Sie wurde anfangs von des Lesens kundigen Gebildeten vorgetragen, die jedoch deshalb in der Gemeinde keine besondere Stellung einnahmen. Doch bereits um die Mitte des 2. Jahrhunderts gibt es im Abendland ständige Organe, die den Titel eines »Lektors« tragen und diese Funktion im Gottesdienst auch ausüben. Sie gehören jedoch nicht zum Klerus. Hundert Jahre später gilt aber das Amt des Lektors bereits als klerikale Weihestufe und das nicht nur im Westen, sondern auch im Osten des römischen Reiches.

Nach einer alten Überlieferung, der arabischen Übersetzung der sogenannten »Apostolischen Kanones«, wurde das Lektorenamt im 4. Jahrhundert zumindest in den östlichen Kirchen auch von Frauen ausgeübt. Im Abendland ging man jedoch dazu über, nur noch Knaben mit dieser Aufgabe zu betrauen und das in immer jüngeren Jahren. Es wird von Fünf- und Sechsjährigen berichtet, welche das Amt von »Lektoren« innehatten. So sollen die Päpste Liberius (352–366), Damasus (366–384) und Siricius (384–399), bereits im Kindesalter Lektoren gewesen sein. Es scheint aber doch, daß diese »Lektoren« nicht den eigentlichen Lektorendienst im Gemeindegottesdienst versahen, sondern es sich nur um ein früh verliehenes, in den niederen Klerus eingliederndes Ehrenamt gehandelt hat. Die Kinderlektoren (lectores infantuli) waren in bedeutenden westlichen Großgemeinden später zu Scholen (schola lectorum) zusammengeschlossen. Das Recht und die Aufgabe, im Gemeindegottesdienst die liturgischen Lesungen vorzutragen, fiel aber immer stärker an Kleriker der höheren Weihen, an Diakone und Subdiakone.

In den orientalischen Riten behauptete der Lektor aber seine bedeutungsvolle Stellung bis heute. Ihm sind sämtliche

Schriftlesungen – mit Ausnahme des Evangeliums – anvertraut. Die katholische Kirche versucht seit dem Zweiten Vaticanum zusehends, das Amt des Lektors wiederzubeleben. Er soll in der Liturgie wieder den Platz einnehmen, den er seit den frühesten Zeiten innehatte und der dieser Funktion zurecht gebührt.

Form und Inhalt des Lektorendienstes bestimmen sich aus der besonderen Stellung, den dieser im Gesamt des Gottesdienstes hat. Er ist zutiefst ein Dienst an der Gemeinde. Ihr ist der Lektor oder die Lektorin zuallererst verpflichtet. Ihr soll er die heiligen Texte zusprechen, wenn sie zum Hören von Gottes Wort und zur Feier des Herrenmahles zusammenkommt. Daher müssen diejenigen, die sich diesem Dienst unterziehen, für ihre Tätigkeit in irgendeiner Weise von der Gemeinde dazu autorisiert sein.

Üblicherweise wird das dadurch geschehen, daß der Gemeindeleiter die auswählt und anspricht, denen er eine sachgerechte Ausübung dieses Dienstes zutraut. Es ist aber auch denkbar, daß die Gemeinde selbst dieses Amt jemandem überträgt, der ihr besonderes Vertrauen genießt.

Die Gemeinde erwartet natürlich vom Lektor oder der Lektorin eine besondere Leistung. Die Erwählten sollen ihr Gottes Wort zusprechen und zwar so, daß sie bei den Zuhörern die diesem Wort innewohnende Wirkung weitestgehend zur Geltung bringen. Die Gemeinde darf erwarten, daß sie in den biblischen Texten wirklich Gottes Anruf erfährt, zugleich aber Stärkung im Glauben und Ermutigung zu einem Leben nach Gottes Wort. Deshalb muß der Lektor oder die Lektorin sich zuallererst selbst auf Gottes Wort einlassen. Nur so werden sie fähig sein, es den Zuhörern in der erforderlichen Weise darbieten zu können. Es wäre darum der schlimmste aller möglichen Fehler, wenn die Vortragenden nicht Gottes Wort, sondern sich selbst vorführen wollten. Die Gemeinde soll Aufbau erfahren, wie es schon Paulus von allen forderte, die im Gottesdienst auftreten (1 Kor 14,26). Dahinter muß die Person des Lektors oder der Lektorin vollständig zurücktreten.

Die dem Lektorendienst anvertrauten liturgischen Lesungen, die heute Verwendung finden, sind normalerweise aus dem Alten und dem Neuen Testament entnommen. Die Liturgiereform suchte darauf zu achten, daß in der üblichen Meßliturgie je eine alttestamentliche und zwei neutestamentliche Lesungen zu Wort kommen, die zueinander in einer gewissen Beziehung stehen. Entweder entsprechen sie sich in der Thematik oder sie sind nach dem Schema von Verheißung und Erfüllung beziehungsweise von Vorbild und Abbild einander zugeordnet. Diesen Zusammenhang zu sehen, gehört zum Grundverständnis, das Lektor oder Lektorin dem Text entgegenbringen muß.

Es ist gut zu wissen, daß die Auswahl der in der Liturgie verwendeten Bibelabschnitte (Perikopen) in den Kirchen des Ostens und des Westens im Lauf der Geschichte sehr geschwankt hat. Es gab zwei Lesungen nur aus dem Neuen Testament (Byzanz und Rom), drei Lesungen, wobei eine dem Alten Testament und zwei dem Neuen Testament entnommen waren (Mailand, Gallien, Spanien, Armenien), vier Lesungen nur aus dem Neuen Testament (Ägypten), vier Lesungen mit zwei alttestamentlichen und zwei neutestamentlichen Abschnitten (Ostsyrien, teilweise Spanien) sowie sechs Lesungen mit drei alttestamentlichen und drei neutestamentlichen Perikopen (Westsyrien). Diese Beobachtung sollte uns lehren, in der Auswahl der Lesungen dem Liturgen eine gewissen Freiheit zuzubilligen, wenn auch grundsätzlich die in unserer Liturgie vorgeschriebene Perikopenordnung eingehalten werden muß.

Letztlich sollte es dem Lektor oder der Lektorin ihre Funktion auch erleichtern, wenn sie sich dessen bewußt sind, daß alle Schrifttexte für den mündlichen Vortrag geschrieben sind. Sie sind an die Glaubensgemeinde gerichtet. Das gilt für die Abschnitte aus dem Alten Testament ebenso wie für die Texte des Neuen Testaments. Selbst die Paulusbriefe, die noch am ehesten persönliche Züge tragen, sollten den Gemeinden vorgelesen werden. Sie sind aber nichtsdestoweniger heilige Texte, Gottes Wort in dem eingangs erklärten Sinn.

Wer den Lektorendienst versieht, sollte von dem besonderen Ehrenauftrag überzeugt sein, den er für die Gemeinde übernommen hat. Das Gebet, das der römische Meßkanon für den Verkündiger des Evangeliums vorsieht, gilt in gleichem Maße für den Lektor:

»Reinige mein Herz und meine Lippen, allmächtiger Gott. Wie du einst die Lippen des Propheten Jesaia mit glühender Kohle gereinigt hast, reinige auch mich in deinem gnädigen Erbarmen und laß mich so dein heiliges Evangelium würdig verkünden, durch Christus unseren Herrn.«

Im feierlichen Hochamt bittet der Diakon außerdem um den Segen des Liturgen, den dieser mit den Worten erteilt:

»Der Herr sei in deinem Herzen und auf deinen Lippen, damit du sein Evangelium würdig und geziemend verkündest – im Namen des Vaters und des Sohnes und des heiligen Geistes. Amen.«

Sinngemäß sollten sich der Lektor oder die Lektorin vor Antritt ihres Dienstes dieser Worte bedienen, um sich bewußt zu machen, welch hohes Amt sie versehen.

3.3 Die Schulung des Lektors/der Lektorin zum Dolmetsch von Gottes Wort

Ohne eingehende Schulung ist heute die Übernahme einer verantwortungsvollen Aufgabe nicht denkbar. Das sollte auch für die des Lektors oder der Lektorin gelten. Darum ordnete die Liturgiekonstitution des Zweiten Vatikanischen Konzils an: »Deshalb muß man die«, (welche ein liturgisches Amt versehen), »jeden nach seiner Weise, sorgfältig in den Geist der Liturgie einführen und unterweisen, auf daß sie sich in rechter Art und Ordnung ihrer Aufgabe unterziehen« (Nr. 29). Bezüglich derer, die in der Liturgie die heiligen Texte vortragen, möchte dieses Büchlein einen Beitrag zur sachgerechten Schulung leisten. Und die beginnt mit scheinbar ganz selbstverständlichen Dingen.

Da ist zum ersten die *Haltung*, die der Lektor oder die Lektorin einnehmen soll. Wer Gottes Wort der Gemeinde vorträgt, soll aufrecht stehen. Schon die Körperhaltung ist geeignet anzuzeigen, welcher Art die Texte sind, die im Gottesdienst zum Vortrag kommen. Es geht hier nicht um irgendwelche unverbindlichen Nachrichten oder wertneutrale Informationen, schon gar nicht um billige Unterhaltung. Der Vortrag des Lektors oder der Lektorin ist ein wesentlicher Teil der Verkündigung, Zuspruch von Gottes Wort, und der kann eigentlich nur stehend erfolgen. Die Gemeinde soll bereits in den Lesungen Impulse zu einem Leben aus dem Glauben erfahren. Da gebietet es nicht nur der Respekt vor Gottes Wort, sondern auch der vor der Gemeinde, in aufrechter Haltung vor sie hinzutreten und ihr den erwarteten Glaubensdienst zu leisten.

Da ist zum zweiten der anspruchsvolle *Inhalt*, auf den es sich gewissenhaft vorzubereiten gilt. Die seit 1969 eingeführte neue Perikopenordnung kennt nicht mehr den Einjahreszyklus, sondern einen Dreijahreszyklus der Lesungen. Die Lesejahre A, B und C, wie sie wenig phantasievoll bezeichnet werden, stellen in den Evangelien jeweils einen Evangelisten in den Mittelpunkt und versuchen in möglichst fortlaufender Folge wesentliche Teile seiner Evangelienschrift in den sonntäglichen Gottesdiensten vorzustellen.

Das *Lesejahr A* folgt dem Evangelisten Matthäus. Wenn Matthäus in seiner Schrift mit dem ungläubigen Israel um die Anerkennung Jesu als dem wahren Messias, des wahren Königs von Israel ringt, hat er auch den Suchenden unserer Tage manches zu sagen. Er setzt sich mit seinen Zeitgenossen auseinander, daß Gottes Heilsverheißung sich in Jesus von Nazaret erfüllt hat. Durch seinen Tod hat dieser verkannte, aber wahre König von Israel einen neuen Bund gestiftet, der für die Vielen (Mt 26,28), das heißt für alle Menschen bestimmt ist. Der Auferstandene hat sich als Sieger über den Tod erwiesen. Er sendet seine Jünger hinaus in alle Welt. Die weltweite Ausbreitung dieser Botschaft legt allüberall davon Zeugnis ab, daß Jesus Christus der Sohn Gottes ist.

Der Evangelist weiß aber auch, daß die Kirche nicht nur aus makellosen Menschen besteht, in ihr sind alle noch auf dem Weg. Trotzdem hat er die Zuversicht, daß sich die Botschaft von Jesus Christus durchsetzen wird, wenn nur alle ihre Verantwortung wahrnehmen. Die ernsten Worte der Kapitel 23–25 wollen dazu aufrütteln.

Das *Lesejahr B* läßt vorwiegend den Evangelisten Markus zu Wort kommen. Er begreift das irdische Leben Jesu als zielgerichteten Leidens- und Todesweg nach Jerusalem. Nach der schicksalhaften Begegnung mit Johannes dem Täufer folgt das öffentliche Wirken in Galiläa, wo er viele Wunder wirkt und alles Volk ihm zuströmt. Aber innerlich bleibt Jesus einsam, weil die Menschen ihn nicht verstehen. Er »muß« hinaufgehen nach Jerusalem, um dort zu leiden und zu sterben. Dort erhebt er auch öffentlich den Anspruch, der Messias-König Israels zu sein. Doch sein Volk verwirft ihn. In seiner Auferstehung hält der Glaube den Schlüssel zum Verständnis des Weges Jesu in der Hand: Es war ein Todesweg für unser Heil.

Das *Lesejahr C* lehnt sich an das Evangelium des Lukas an. Er stellt die Botschaft von der Rettung aller Menschen in den Vordergrund. Dabei wendet er sich an die suchenden Menschen seiner Zeit, um ihnen in überzeugender Weise Jesus, den Heiland, vor Augen zu stellen. Lukas zeigt seinen Lesern, wie Jesus in Gottes Auftrag sich den Armen, Unterdrückten, Leidenden, Kranken, ja allen Verlorenen und Sündern zuwendet, um sie aus ihren Nöten zu befreien. Alle, die auf ihn hören, sammelt er zu einer neuen Gemeinschaft, dem Volk Gottes. Aber dieses neue Gottesvolk hat einen Auftrag zu erfüllen, nämlich diese befreiende Botschaft bis an die Grenzen der Erde zu tragen. Daß sie diesem Auftrag nachkommt, schildert der Evangelist dann im zweiten Teil seines Werkes, der Apostelgeschichte.

Der vierte Evangelist, Johannes, bekam kein eigenes Lesejahr zugewiesen. Wichtige Abschnitte seines Evangeliums erscheinen darum in die drei Lesejahre eingestreut, vornehmlich während der Osterzeit. Die vorgeschalteten beiden Lesungen der Sonntagsliturgie, deren Vortrag den Lektoren obliegt, wurden nach bestimmten Gesichtspunkten den Evangelien zugeordnet.

Das *Kirchenjahr* mit seinem Weihnachts- und Osterfestkreis überlagert in seiner tradierten Grundstruktur zudem die Lesejahre. Die Frühzeit des Christentums kannte allerdings nur ein einziges Fest: Ostern. Es war organisch aus dem jüdischen

Pesah-Fest herausgewachsen, in dessen Rahmen Jesus das eucharistische Mahl des Neuen Bundes eingesetzt hatte. An Ostern wurde die Auferstehung des Herrn gefeiert, seines Sieges über Sünde und Tod gedacht. Die Forderung an die Christen, die Paulus unübertroffen formuliert hat, an Christi Sieg teilzuhaben, mit ihm aufzuerstehen und zu leben (Röm 8, Gal 5), gilt allen Glaubenden. Sie übernehmen mit der Taufe, in der sie mit Christus begraben werden auf den Tod, die Verpflichtung, nunmehr als neue Menschen zu leben (Röm 6,3f). Darum war die Osternachtsfeier von frühester Zeit an verbunden mit der Taufe, dem Beginn des neuen Lebens in Christus.

Die Eucharistiefeier, zu der die Gemeinden am ersten Wochentag, dem Gedächtnistag der Auferstehung, zusammenkamen, erinnerte die Getauften außerdem ständig an den Tod und die Auferstehung des Herrn. Das Herrenmahl verband sie dauerhaft mit seinem Leib und Blut. Aus dieser fortgesetzten Wiederholung der Osterfeier entwickelten sich aber zwingend andere Gedenktage, zunächst Himmelfahrt und Pfingsten. Damit war der Osterfestkreis im Prinzip geschlossen.

Zum Osterfest trat in der morgenländischen Kirche bald ein zweites Hochfest: das von der Menschwerdung und Offenbarung des Herrn vor aller Welt zur Zeit der winterlichen Sonnenwende. Auch dieses Fest entwickelte ein Umfeld, eine Zeit der Vorbereitung, den Advent, und eine gewisse Nachbereitung als Übergang in den Osterfestkreis. Weihnachts- und Osterfestkreis bilden seitdem zusammen das Kirchenjahr. Dessen Verlauf erinnert die Glaubenden durch die sich abwechselnden Festzeiten an das universale, Welt und Geschichte umfassende Erlösungswerk. Keinen anderen Sinn hat die Gliederung in Advent, Weihnachten, Ostern, Pfingsten, hinter dem allem die Erwartung der Wiederkunft des Herrn steht. Die Einpassung in den Jahreszyklus der Natur, ihrem ständigen Vergehen und Neuwerden, ist eher beiläufig. Sie unterstützt aber die drängende Erwartung des Christen auf die Wiederkunft des Herrn, für die seine Auferstehung die Gewähr bietet.

Der Lektor oder die Lektorin sollte um diese inneren Zusammenhänge wissen. Darum wäre eine systematische Schulung in den Fragen der Meßliturgie und des Kirchenjahres dringend wünschenswert. In sie eingebettet entfalten die liturgischen Lesungen erst ihren tieferen Sinn.

Ein dritter Schwerpunkt der Schulung müßte die Arbeit an den *biblischen Texten* betreffen. Sie sind im Regelfall nicht allzu schwer zu verstehen, wenn eine ausreichende Einführung oder Erklärung gegeben wird. Bevor der Lektor oder die Lektorin vor die Gemeinde tritt, um ihr einen Abschnitt der Bibel vorzutragen, müßten sie sich aber gründlich mit dem Text auseinandersetzen. Das mindeste, was an Vorbereitung zu fordern ist, besteht im Studium eines der heute zahlreich vorhandenen, allgemeinverständlichen Kommentare. Wenn der Lektor nicht selbst eine ausführlich kommentierte Bibel besitzt, sollte in der Gemeinde etwas Derartiges greifbar und allgemein zugänglich sein. Am besten wäre aber hier, wie auch in den anderen erwähnten Punkten, eine kontinuierliche Schulung unter der Anleitung eines in der Sache Kundigen.

Seit 1965 gibt es einen kirchlich anerkannten deutschen Text der erneuerten Meßliturgie. Wenn dieser einmal nicht vorhanden wäre, sollte auf die Einheitsübersetzung der Heiligen Schrift zurückgegriffen werden, die von 1962 bis 1970 durch zahlreiche Fachgelehrte erarbeitet wurde und in vielen Passagen als ökumenische Übersetzung auch von evangelischen Kirchen anerkannt ist. Nicht empfehlenswert ist es, sich irgendeiner anderen Bibelübersetzung zu bedienen.

Die erwähnten Texte entsprechen selbstverständlich der heute gängigen deutschen Hochsprache. Diese sollte auch Richtschnur bei der mündlichen Wiedergabe sein. Gegen einen landsmannschaftlich gefärbten Ausdruck beim Vorlesen wird sicher niemand etwas einzuwenden haben; solche Sprechweisen sollten sich aber in Grenzen halten und nicht die Verständigung mit den Zuhörern beeinträchtigen, die heute mehr denn je aus aller Herren Länder zusammengewürfelt sein können.

Um diejenigen, die sich dem Lektorendienst widmen wollen, für ihre Aufgabe hinreichend vorzubereiten, ist darüber hinaus ein Mindestmaß an *Sprecherziehung* unerläßlich. Dieser Aufgabe möchte sich der restliche Teil dieses Büchleins widmen. Er ist so konzipiert, daß nicht unbedingt die Hilfe einer Lerngruppe erforderlich ist, wenn sie auch in jedem Falle sehr hilfreich sein kann. Aber auch im Selbstunterricht sind die folgenden Anregungen gut zu verwerten und dürften bei beharrlicher Übung auch gute Erfolge zeitigen.

4. Kapitel

Grundregeln der Aussprache (Phonetik)

Die Kommunikation unter Menschen geschieht in erster Linie durch das gesprochene Wort. Das gilt auch für die Liturgie. Darum muß derjenige, der die biblischen Lesungen vorträgt, jede Sorgfalt auf den mündlichen Ausdruck legen. Es gilt, die Texte, die Wort Gottes sind, nicht nur verständlich, sondern auch den Glaubensfunken erweckend, das heißt als Verkündigung der Gemeinde zuzusprechen. Die Würde von Gottes Wort und der Respekt vor der hörenden Gemeinde bedingen es aber, daß der Lektor oder die Lektorin die biblische Botschaft in möglichst vollkommener Form darbietet. Dazu gehört eine gute Aussprache ebenso wie ein Vortrag, der den geistigen Gehalt zum Hörer überbringt. Die Kenntnis der wichtigsten Ausspracheregeln der deutschen Hochsprache sowie der Grundregeln des sprachlichen Vortrags sind dazu unerläßlich.

Die im folgenden gebotenen Wort- und Satzbeispiele sind dem biblischen Wortschatz entnommen. Die Anregungen zur richtigen Aussprache orientieren sich an der heute üblichen klassischen Bühnensprache, die wir auch von den Nachrichtensprechern in Hörfunk und Fernsehen kennen. Ohne einige Mühe, viel Übung und Geduld lassen sich aber jahrelang geübte Nachlässigkeiten im Sprechen, die sich bei täglichem Gebrauch der Umgangssprache zwangsläufig einschleichen, nicht ändern. Darum soll der Lektor oder die Lektorin beharrlich am eigenen Sprechstil feilen. Die Selbstkontrolle durch ein Tonbandgerät erleichtert diese Arbeit wesentlich. Die zur Übung aufgeführten Wörter und Sätze werden als bekannt vorausgesetzt. Darum verzichte ich auch auf eine lautmäßige Transkription. Sollten trotzdem Unklarheiten auftauchen, verweise ich auf das DUDEN – AUSSPRACHEWÖRTERBUCH (Band 6).

4.1 Die Aussprache der Selbstlaute (Vokale)

Die Vokale verleihen einer Sprache Klang und Glanz. Sie bilden die tragenden Töne in der Wortmelodie. Daher ist auf ihre reine Wiedergabe zu achten. Bei allen Vokalen strömt die Luft durch den Mund ab – nicht durch die Nase, wie bei den Nasallauten (m, n, ng). »Näseln« gilt nicht als fein, sondern als gekünstelt und unschön. Trotzdem gibt eine gewisse nasale Resonanz den Vokalen mehr Weichheit, gelegentlich auch größere Fülle. Hier sollte jeder die ihm gemäße Tonwiedergabe finden, indem der Lektor oder die Lektorin sich durch kritische Zuhörer oder mittels eines Tonbandgeräts überprüfen läßt.

Für alle nachfolgenden Übungen gilt: Sprechen Sie die einzelnen Worte oder Wortgruppen aufrecht stehend laut und deutlich aus. Man sollte sich selbst nicht beschwindeln, indem man nur leise oder gar ohne Lippenbewegung liest. Das nutzt als Übung korrekter Aussprache überhaupt nichts. Sprechen Sie zunächst mit verhaltener, dann aber mit immer lauter werdender Stimme. Das ist die eine Bewegung beim Sprechen: von verhalten zu laut. Die andere von langsam zu schneller und schließlich schnell ist aber ebenso wichtig. Wiederholen Sie ein Wort so lange, bis es ihnen ganz und gar mühelos über die Lippen kommt.

A Die Mundhöhle ist weit geöffnet, die Lippen nicht vorgewölbt.

Wortbeispiele:

Adam und Eva	Am Anfang
Aaron und Absalom	Arm in Arm
Kain und Abel	am Sabbat
Abraham	danach
ein alter Altar	Arbeit adelt
alle Tage	Arme in Armut
außer Atem	alles in allem
aneinander	Am Abend
Anna und Joachim	Annas Ankunft

ein alter Arzt	bange Frage
Rat und Tat	David und Jonatan
falsche Waage	Wahrheit sagen
Nachtlager	Granatapfel
Barnabas	Anstand

In allen diesen Beispielen wird in der betonten Silbe ein langes a gesprochen. Es gibt aber auch das kurze a. Um den Gegensatz herauszuarbeiten, werden im folgenden Worte mit langem a solchen mit kurzem a gegenübergestellt. Sprechen sie diese Worte unmittelbar hintereinander:

Saat	–	satt	nachher	–	Nacht
haben	–	hatten	Paar	–	Park
Tag	–	Takt	Bart	–	Karre
kam	–	Kammer	Grab	–	Gramm
Sage	–	Sack	Nahrung	–	nackt
Rad	–	Ratte	Gras	–	kraß
Aas	–	Faß	klar	–	Galle
Schar	–	Schatten	Bad	–	Bast
Nase	–	naß	nach	–	Nacht
Magd	–	Markt	Sprache	–	Sache
Gemach	–	gemacht	schlagen	–	Schlacke
Abend	–	ab und zu	Atem	–	Abt
Art	–	am	Amen	–	Achtung

Jetzt können Sie selbst über langen und kurzen Vokal entscheiden:

Maß, Zahl und Gewicht	Satan
nachfragen	dankbar
Ratschlag	achtsam
Nachmittag	Grashalm

Nun versuchen Sie folgende Sätze klangvoll zu sprechen:

1. Man wird etwas Wasser holen.
2. Da sprach der Herr zu Abraham: Warum lacht Sara und sagt . . .

3. Sara war aber alt, in die Jahre gekommen.
4. Abraham, Abraham, streck deine Hand nicht gegen den Knaben aus.
5. Sara starb in Kírbat-Ara.
6. Als Isaak alt geworden war und seine Augen erloschen waren . . .
7. Flieh mit deinem Bruder Laban nach Haran!
8. Laban war weggegangen, um seine Schafe zu scheren, da stahl Rahel die Götterbilder des Vaters.
9. Am achten Tag aber berief Mose den Aaron.
10. Am achten Tag kamen sie, und wollten ihm den Namen seines Vaters Zacharías geben.
11. Da trat aus dem Lager Góliat aus Gat.
12. Was habe ich getan?
13. Von diesem Tag an war Saul gegen David voll Argwohn.
14. Da brach Absalom auf, . . .
15. In Schmach und Schande sollen alle fallen . . .
16. Mal für Mal wurde die Flamme gesandt . . .
17. Wer ermattet, ist arm an Kraft.
18. Zerschlag Wagen und Fahrer . . .
19. Versammelt die Alten zu Fasten und Klagen.
20. Damals brachte man Manna . . .
21. Am Abend war die ganze Stadt versammelt . . .
22. Da kam die Frau und sagte die ganze Wahrheit.
23. Er verhörte die Wachen und befahl, sie abzuführen.
24. Ein armer Mann namens Lazarus lag aber da . . .

Übrigens: Der erste Satz der Bibel enthält alle fünf Vokale. Versuchen Sie doch einmal, ihn in seinem vollen Klang vorzutragen:

Im Anfang schuf Gott Himmel und Erde.

E Die Mundhöhle ist enger geschlossen als beim a, jedoch nicht so weit wie beim i. Die Mundwinkel sind leicht zurückgezogen, die Lippen sind gespannt.

Wortbeispiele:

Éphraim und Ésther	Ernte einbringen
erweise Ehre	die erste Ehe
ehe er eintrat	Ehebrecher
ehrlich erweisen	Edelstein
ein Strom in Eden	ein eherner Altar
ehre die Eltern	Enden der Erde
Enge erfüllt	Engel erscheinen
Engel ergriffen	Enkel Esaus
Erbarmen erfahren	Erbarmen erbitten
Erde erzittert	Erde erfüllt
ewiges Erbe	Erhebe die Hände
Erkenntnis erlangen	Erster und Letzter
Esel erwerben	Esau der Erstgeborene
essen gehen	zu essen geben
Evangelium Jesu	die Erde erbebte
Seele nehmen	beten gehen

Wenn die Betonung auf dem e liegt, wird es normalerweise leicht gedehnt gesprochen. Das gilt aber nicht immer. Die folgenden Gegensatzpaare machen das deutlich:

dehnen	–	denn	Ehre	–	Erbe
stehlen	–	stellen	mehr	–	merke
Feder	–	Retter	Beere	–	Berg
stets	–	Stätte	Speer	–	sperren
Seele	–	selten	Fehler	–	Welle
Fehde	–	Feld	Segen	–	setzen

Das unbetonte e am Schluß eines Wortes oder in einer unbetonten Silbe wird meist als »Murmelvokal« bezeichnet. Es soll nicht ganz verschluckt werden, liegt aber lautmäßig schon zwischen ö und ä. Wir richten unsere Aufmerksamkeit aber eher auf den betonten Vokal.

Sprechen Sie jetzt folgende Sätze laut und deutlich, bis sie Ihnen ohne Stocken klangvoll und flüssig gelingen:

1. Der Herr zerbricht Zedern, der Herr zerschmettert die Zedern des Libanon.
2. Er hielt die Ferse Esaus fest.
3. Fern vom Fett der Erde . . .
4. Ein jeder der Benjaminiten packte den Gegner.
5. Wenn du mit deinem Gegner vor Gericht gehst, bemühe dich auf dem Weg, dich mit ihm zu einigen.
6. Euch will ich ihre Geheimnisse nicht verbergen.
7. Meine Seele verzehrt sich in Sehnsucht nach dir.
8. Preise meine Seele den Herrn, denn er hat Gutes getan.
9. Wenn es um ein Verbrechen oder Vergehen geht . . .
10. Als sie auf ihrem Esel vom Berge herabritt, kamen David und seine Männer ihr entgegen.
11. Der Mensch erdenkt sich seinen Weg, der Herr allein lenkt seinen Schritt.
12. Der Herr spendet Segen, unser Land gibt seinen Ertrag.
13. Gerechtigkeit geht vor ihm her, . . .
14. Meine Seele verzehrt sich in Sehnsucht nach dem Tempel des Herrn.
15. Die Rechte des Herrn ist erhoben, die Rechte des Herrn wirkt mit Macht.
16. Der Herr der Heere wird auf diesem Berg . . . ein Festmahl geben, . . . ein Gelage mit erlesenen Weinen.
17. Zahllose Kamele bedecken dein Land, Dromedare aus Mídian und Éfa.
18. Wer ist jener, der aus Édom kommt?
19. Sucht den Herrn, dann werdet ihr leben!
20. Plötzlich entstand ein gewaltiges Erdbeben, denn ein Engel des Herrn kam von Himmel herab, wälzte den Stein weg und setzte sich darauf.
21. Lehrt sie alles halten, was ich euch geboten habe. . . . Ich bin bei euch alle Tage bis ans Ende der Welt.
22. Er erweist seine Gerechtigkeit in der gegenwärtigen Zeit, um zu zeigen, daß er gerecht ist und den gerecht macht, der glaubt.
23. Wenn ich in Sprachen der Menschen und Engel redete, hätte aber die Liebe nicht, wäre ich ein dröhnendes Erz oder eine klingende Schelle.

24. Jeder Mensch soll schnell bereit sein zu hören, aber zurückhaltend im Reden . . .

Kennen Sie noch den ersten Satz der Bibel, der alle fünf Vokale enthält? Sprechen Sie ihn laut und versuchen Sie ihm den vollen Klang zu geben!

I Die Mundhöhle ist fast geschlossen, die Mundwinkel sind energisch zurückgezogen, die Lippen gespannt.

Wortbeispiele:

Fisch	immer
Licht	Finsternis
Diener	Hirte
immer	wieder
Israel	Kind
Isaak	Mitte
ihr	Insel
siehe	Tisch
vier	Nische
Distel	kritisch
zwischen	wischen
Schiff	Stirn
Wirt	Dirne
Schirm	schlimm

Auch bei den i-Lauten gibt es betont lange, normalerweise als ie geschrieben, und kurze, die aber ebenfalls betont sein können. Um den Unterschied besser zu erkennen, sprechen Sie bitte in der bereits gewohnten Weise von verhalten zu laut und langsam zu schnell:

biete	–	bitte	ihr	–	irr
Liebe	–	Lippe	wieder	–	Widder
dienen	–	drinnen	Wiese	–	wisse
wir	–	wirf	Stiel	–	still

Wiederholen Sie nunmehr die einzelnen nachfolgenden Sätze laut und klangvoll, bis sie Ihnen ohne Mühe gelingen:

1. Ich bin der »Ich-bin-da«.
2. Ich bin das Licht ...
3. Ich bin der gute Hirt. Der gute Hirt gibt sein Leben hin ...
4. Wo ich bin, da soll auch mein Diener sein.
5. Ihr seid nicht Finsternis, sondern Licht.
6. Inmitten der Israeliten ...
7. Geist, der in ihm ist ...
8. Irgendein Kriechtier ...
9. Ich ging in die Irre.
10. Isaak liebte Jakob.
11. Ganz Israel diente ihm.
12. Israeliten sind sie?
13. Siehe, ein wahrer Israelit, in dem kein Trug ist.
14. Als sich Israel in Síttim niederließ, ...
15. Es ist hierzulande nicht Sitte ...
16. Sie nahmen den Leichnam Jesu, umwickelten ihn mit Leinenbinden, wie es beim jüdischen Begräbnis Sitte ist.
17. Zu dir rufe ich um Hilfe, wende dich nicht schweigend ab von mir!
18. Gott ist die Liebe ...
19. ... damit die Liebe, mit der du mich geliebt hast, in ihnen sei.
20. Ich habe lieb, die mich lieben.
21. Wißt ihr nicht, daß im Stadion zwar alle laufen, aber nur einer den Siegespreis gewinnt?
22. Ich, der ich um des Herrn willen im Gefängnis bin ...
23. Es waren hundertvierundvierzigtausend, die das Siegel trugen.
24. Der vierte Engel blies in die Posaune.

Wie lautete doch der erste Satz der Bibel, der alle fünf Vokale enthält? Sprechen Sie ihn wieder laut aus. Sie merken selbst langsam, wie wichtig ein klarer Klang der Vokale ist!

O Die Mundhöhle ist geschlossener als bei a, doch weiter geöffnet als beim u. Die Lippen sind leicht vorgewölbt.

Wortbeispiele:

oben	Gott
wo	roh
Fron	Stroh
groß	Ton
ohne	Brot
Mond	bloß
Gebot	hoch
Los	Not
Tod	Ofen
Ochsenjoch	Obdach
offenes Ohr	Wohnort
Opferstock	Opfervorschrift

Auch dieser Vokal wird je nachdem manchmal lang und manchmal kurz ausgesprochen. Im folgenden sind je zwei Worte gegenübergestellt, die ein langes oder ein kurzes o beinhalten. Arbeiten Sie beim Sprechen deutlich den Unterschied heraus!

ohne	–	offen	toben	–	Topf
Ton	–	Obdach	loben	–	voll
tot	–	oft	Hof	–	hoffen
Ostern	–	Osten	rot	–	Rotte
Not	–	Ordnung	Lot	–	lotter
Knoten	–	Onkel	Rose	–	Rosse
groß	–	Gosse	Schoß	–	schoß
Moos	–	Most	Chor	–	Korb
vor	–	fort	Bogen	–	Bock

Sprechen Sie die nachfolgenden Satzgruppen oder Sätze so lange laut und volltönend, bis sie Ihnen mühelos gelingen:

1. Gott, mein Gott ...
2. Gottes Thron ...
3. O mein Sohn Absalom ...

4. Oben im Tor sollst du Gold anbringen.
5. Gold aus Ofir, das eure Töchter in den Ohren tragen.
6. Von oben geboren ... von oben kommen.
7. Der Vorhang des Tempels zerriß von oben bis unten.
8. Am Ort, wo Johannes taufte ...
9. Das Opfer der Gottlosen ist dem Herrn ein Greuel.
10. Gehorsam ist besser als Opfer.
11. Daselbst opferte Salomon vor dem Herrn.
12. Zum Spott geworden bin ich, ... ein Hohn den Nachbarn ...
13. Lobt ihn Sonne und Mond, lobt ihn ...
14. Ich habe Söhne großgezogen und emporgebracht ...
15. Fort, fort! Zieht von dort weg!
16. Dort durchbohrte ihm der Herr das Ohr.
17. Rede nicht vor den Ohren der Toren.
18. ... die in den Ortschaften des offenen Landes wohnen.
19. Noah wurde offenbart, was noch nicht sichtbar war.
20. Abraham gehorchte dem Ruf ... und er zog weg, ohne zu wissen, wohin er kommen würde.
21. Der Bote antwortete: Geflohen ist Israel!
22. Sie verspotteten die Boten Gottes.
23. Wir sind mit Gott versöhnt worden durch den Tod seines Sohnes.
24. Da sagte der Hohepriester zu ihm: Ich beschwöre dich beim lebendigen Gott: Bist du der Messias, der Sohn Gottes?
25. Der Lohn der Sünde ist der Tod, ...

Jetzt ist es Zeit, sich an den ersten Satz der Bibel zu erinnern, in dem alle Vokale vorkommen. Sprechen Sie ihn mehrfach laut und ausdrucksvoll!

U Die Mundhöhle ist ziemlich weit geschlossen, die Lippen trichterförmig vorgewölbt.

Sprechen Sie die folgenden Worte mehrfach von leise zu laut und von langsam zu schnell mit deutlich klingendem u.

Wortbeispiele

Schuhe	um herum
um und um	Ruhm
Verschuldung	um ihn umzubringen
suchen	guter Umgang
Umkehr	um umzukehren
Hunger	umkommen
Blut	Umkreis
Unrecht	Untat
Zunge	Frucht
Untersuchung	Unzucht
kundtun	Schuld und Buße
unter uns	kundtun
Bund	Buch
Urkunde	Fluch

Wie in den anderen Vokalen gibt es auch ein lang und ein kurzgesprochenes u. Nachfolgende Gegenüberstellungen machen das deutlich. Sprechen Sie die Wortpaare hintereinander im bereits gewohnten Rhythmus langsam – schnell und leise – laut:

Buße	–	Schuld	Wucher	–	Wucht
Muße	–	muß	wusch	–	Wunsch
fuhr	–	Furt	schlug	–	Schlucht
suchen	–	Sucht	Zug	–	zucken
Uhr	–	Urteil	ruchlos	–	Geruch
nun	–	wusch	Schuster	–	Schuß
Hut	–	Butter	Wuchs	–	Wurzel
Fluch	–	Flucht	Flut	–	Fluß

Das u gilt als dunkler Vokal. Das heißt aber nicht, daß er nicht volltönend gesprochen werden kann, ja sogar muß. Versuchen Sie bei den nachfolgenden Sätzen das u zum Klingen zu bringen. Mit einiger Übung ist das auch zu erreichen. Sprechen Sie die Sätze so lange, bis sie Ihnen ohne Mühe gelingen.

1. Wenn der Herr durch den Sturm des Gerichts und den Sturm der Läuterung ... aus Jerusalems Mitte die Blutschuld entfernt hat,..
2. Du, Herr, mein Gott, bist meine Zuflucht.
3. Um Zuflucht zu suchen ...
4. Wer Unrecht sät, wird Unheil ernten.
5. Unruhig ist mein Herz, bis es Ruhe findet bei Dir, o Herr.
6. Sei guten Muts!
7. Nur Mut, du tust ein gutes Werk!
8. Das Blut deines Bruders schreit zu mir um Rache.
9. Wo die Hunde das Blut Naboths geleckt haben, da sollen die Hunde auch dein Blut lecken!
10. Blutschuld reiht sich an Blutschuld.
11. Hunger und Durst wirst du leiden ...
12. Ich wandle Jerusalem zu Jubel um.
13. Unheil fällt auf die Tore Jerusalems.
14. Flut ruft der Flut zu beim Tosen der Wasser ...
15. Zur Grube rufe ich, mein Vater bist Du, meine Mutter, meine Schwester, zum Wurm.
16. Sein Mund ist voll Trug und Fluch ...
17. Tut Buße! Kehrt um!
18. Ich bin nicht wert, um mich zu bücken und ihm die Schuhe aufzuschnüren!
19. Weh dem, der eine Burg auf Unrecht gründet.
20. Diese Urkunde wurde in Jerusalem verlesen.
21. Unglück kommt über Unglück ...
22. Ich will ihnen das Urteil sprechen, das ihren Urteilen entspricht.
23. Deine Stärke zu kennen ist die Wurzel der Unsterblichkeit.
24. Der Herr lobte die Klugheit des unehrlichen Verwalters ...

Jetzt kennen Sie aber den ersten Satz der Bibel, der alle fünf Vokale enthält, bestimmt schon auswendig. Sprechen Sie ihn jetzt und achten Sie bewußt auf die Unterschiede bei den Vokalen!

Die Umlaute

Bei den Vokalen a, o und u kennt das Deutsche Umlaute, das heißt Zwischentöne, die den »reinen« Vokal leicht verschieben. Dabei liegt das Ä zwichen A und E, das Ö zwischen O und E, das Ü zwischen U und I. Auch die saubere Aussprache der Umlaute sollte gewissenhaft geübt werden.

Ä Die Mundhöhle ist so weit geöffnet wie beim a, die Lippen sind jedoch stärker zu den Mundwinkeln gezogen. Am besten übt man das ä im Gegensatz zum a und e, wie folgende Beispiele zeigen:

---

arg	–	Ärger	–	Erbe
Agnes	–	Ägypten	–	Essen
Acker	–	Äcker	–	erben
backen	–	Bäcker	–	Becken
Tag	–	täglich	–	pfleglich
gebar	–	gebären	–	ehren
Mast	–	mästen	–	Geste
Atem	–	Äther	–	Esther
Ahn	–	Ähre	–	Ehre
bar	–	Bär	–	Beere
zahm	–	zähmen	–	nehmen
Gabe	–	gäbe	–	geben
Saat	–	säen	–	sehen
Zahn	–	Zähne	–	zehn
zahm	–	Zähre	–	zehren
Nahrung	–	nähren	–	mehren
wagen	–	wägen	–	wegen
Ahne	–	ähnlich	–	sehnen
Saal	–	Säle	–	Seele
Garten	–	Gärtner	–	Gerte

Sprechen Sie folgende Übungssätze aus der Bibel in der gewohnten Weise von verhalten zu laut und von langsam zu schnell, bis sie Ihnen mühelos gelingen. Achten Sie auf *alle*

Vokale und bemühen Sie sich, ihnen ihren vollen Klang zu geben!

1. Als er sich Ägypten näherte, . . .
2. Einige Zeit später vergingen sich der Mundschenk und der Hofbäcker gegen ihren Herrn, den König von Ägypten.
3. Sie werden gegen uns kämpfen und sich unseres Landes bemächtigen.
4. Diese Städte sollen euch als Asyl vor dem Bluträcher dienen.
5. Alle brachten ihm goldene und silberne Gefäße und Gewänder.
6. Er befestigte die Städte Judäas.
7. Gott ist unsere Zuflucht, als mächtige Hilfe bewährt in Nöten.
8. Die Ägypter mit ihren Erträgen . . .
9. Die Wächter des Volkes sind blind . . .
10. Er rächt sich an seinen Gegnern.
11. Dem Ohnmmächtigen mehrt er die Stärke.
12. Der Sämann ging aufs Feld um zu säen.
13. Wer kärglich sät, wird auch kärglich ernten.
14. Er lehrte täglich im Tempel.
15. Wenn einer ohne das tägliche Brot ist, und ihr sagt zu ihm: Wärmt und sättigt euch, . . .
16. Die Ältesten ermahne ich . . .
17. Gott wird euch . . . stärken und kräftigen.
18. Er ist von einem Dämon besessen.
19. Wie Jona drei Tage und drei Nächte im Bauch des Fisches war, so wird der Menschensohn drei Tage und drei Nächte im Innern der Erde sein.
20. Da kamen Pharisäer und Sadduzäer zu Jesus.
21. . . . Du sollst deinen Nächsten lieben wie dich selbst. An beiden Geboten hängt das ganze Gesetz.
22. Ehe der Hahn kräht, wirst du mich dreimal verleugnen.
23. Während Pilatus auf dem Richterstuhl saß, ließ seine Frau ihm sagen: Laß die Hände von diesem Mann!
24. Ein Engel des Herrn . . . wälzte den Stein weg . . .

ö Die Mundhöhle ist halb geschlossen wie beim e oder o, die Lippen sind vorgestülpt wie beim o.

Um den Unterschied zwischen o, ö und e herauszuarbeiten, sprechen Sie bitte die nachstehenden Wortfolgen, bis Ihnen die Selbstlaute charakteristisch und rein gelingen:

Hof	–	Höfe	–	Hefe
Bote	–	böte	–	Beete
Sohn	–	Söhne	–	Sehne
Lohn	–	Löhne	–	Lehne
Gewohnheit	–	Gewöhnung	–	wenig
Lose	–	lösen	–	lesen
Ohr	–	hören	–	Heere
Chor	–	Chöre	–	Kehre
Floh	–	Flöhe	–	flehe
offen	–	öffnen	–	ebnen
Ode	–	Öde	–	Eden
Ohr	–	Öl	–	Bethel
Bosheit	–	Böse	–	Besen
hohl	–	Hölle	–	Helle
wohl	–	wöchentlich	–	Welle
voll	–	völlig	–	selig
schon	–	schön	–	scheel
Block	–	Blöcke	–	Becken

Um den Umlaut ö in seiner besonderen Form klangvoll zu gestalten, wiederholen Sie jetzt laut in gewohnter Weise folgende Sätze:

1. Der böse König zerstörte Städte und Dörfer.
2. Der König gebe ihren königlichen Rang einer anderen.
3. Gott ist König geworden über die Völker.
4. ... und mächtige Könige tötete ...
5. Völker strömen zu deinem Licht, Könige zu deinem strahlenden Glanz.
6. Deine Söhne kommen von fern, deine Töchter trägt man herbei.
7. Junge Löwen mögen darben und hungern.

8. Wie könnt ihr Gutes reden, da ihr böse seid?
9. Sie brachten ihre Söhne und Töchter als Opfer den Götzen.
10. Ich bin der Herr, euer König, Israels Schöpfer.
11. Mit ihm könnt ihr die feurigen Pfeile des Bösen auslöschen.
12. Wenn du lösen willst, so löse!
13. Der König Israels, sein Erlöser . . .
14. Erlöse Israel aus allen seinen Nöten.
15. Ihr Völker jauchzt dem Höchsten, dem großen König über die Erde.
16. Ich öffne den Mund: Erhöre mich, erlöse mich!
17. Ihr Söhne, gewöhnt euch nicht ans Schwören!
18. Der Höchste teilt aus von seiner Größe.
19. Tröstet, tröstet mein Volk!
20. Hört, wer gibt Völker preis und unterwirft Könige?
21. Ihr habt gehört: du sollst keinen Meineid schwören.
22. Sie sagten zu den Zwölf: Wie kann euer Meister mit Zöllnern essen? Er hörte es . . .
23. Die Törichten nahmen kein Öl mit.
24. Wenn du aus dem wilden Ölbaum herausgehauen und in den edlen Ölbaum eingepfropft wurdest, werden auch die zur Natur gehörenden Zweige dem eigenen Ölbaum wieder eingepfropft werden.

Ü Die Mundhöhle ist fast ganz geschlossen, die Lippen vorgestülpt wie beim u, der Mundtrichter jedoch etwas weiter geöffnet.

Um die richtige Lautfärbung des ü zu erreichen, sprechen Sie die folgenden Wortreihen, in denen dieser Umlaut den Vokalen u und i gegenübergestellt ist, in gewohnter Weise von verhalten zu laut und von langsam zu schnell:

Schule	–	Schüler	–	schillernd
Buch	–	Bücher	–	bitter
Dunst	–	düster	–	Distel

Sud	–	Süden	–	sieden
fuhr	–	für	–	vier
Schuld	–	Sünde	–	Binde
Lug	–	Lüge	–	liegen
Turm	–	Tür	–	Tier
Huld	–	Hülle	–	Ziele
um	–	über	–	lieber
wurde	–	Würde	–	Wirte
Bund	–	Bündel	–	binden

Im Satzzusammenhang sollen die Vokale und Umlaute klar erklingen. Sprechen sie darum die nachfolgenden Sätze in der besonderen Absicht, den unterschiedlichen Ton der Selbstlaute herauszuarbeiten. Wiederholen Sie diese Übung so lange, bis Sie das Gefühl haben, die Wortfolgen geläufig hervorzubringen.

1. Es fehlt der Jüngste; er hütet die Schafe.
2. Wohl dem, der auf mich hört ... und meine Türpfosten hütet.
3. Hüte dich vor der Sünde!
4. Hütet euch vor unnützem Murren!
5. Der Herr hat seine Hütte verwüstet.
6. Züchtige mich nicht ob meiner Sünde.
7. ... und der Falke nach Süden seine Flügel breitet?
8. Der König des Südens rüstet zum Kriege.
9. ... für die Sündopfer zur Sühne für Israel.
10. Schneller Funke entzündet das Feuer, schneller Streit führt zu Blutvergießen.
11. Er mußte seinen Brüdern gleich sein, um die Sünden des Volkes zu sühnen.
12. Gewalttat und Hochmut verwüsten den Wohlstand, das Haus des Übermütigen stürzt ein.
13. Der Herr hat dich in die Wüste geführt, um dich gefügig zu machen und zu prüfen.
14. Wem hast du die Schafe in der Wüste überlassen?
15. Wie die Stürme im Negev toben, so kommt Unheil aus der Wüste.

16. Der Engel entrückte mich in die Wüste.
17. Es gibt Winde für das Gericht, durch ihr Wüten versetzen sie Berge.
18. Du rühmst dich des Gesetzes, entehrst aber Gott durch Übertreten des Gesetzes.
19. Wer sich rühmen will, rühme sich des Herrn.
20. Ihr übertüncht die Wahrheit mit Lügen.
21. Der Lügengriffel der Schreiber hat es zur Lüge gemacht.
22. ... weil er euch verführt hat, an Lügen zu glauben ...
23. Der glühende Zorn des Herrn hört nicht auf, bis er die Pläne seines Herzens ausgeführt hat.
24. Die Jünger warfen sich nieder und fürchteten sich sehr.

Die Doppellaute (Diphthonge)

Aus den Selbstlauten (Vokalen) werden im Deutschen drei Doppellaute (Diphthonge) gebildet: ei, au und eu. Die andere Schreibweise für ei als ai, ey, ay, oder für eu als oi machen in der Aussprache keinen Unterschied.

EI (ausgesprochen wie ai in Mai) erscheint in vielen deutschen Worten. Üben Sie zunächst die korrekte Aussprache an folgenden Wortbeispielen:

Mai	bei
Ei	Geschrei
drei	frei
sei	entzwei
Ai (biblischer Ort)	Brei
erscheine	Weide
breit	weich
Reiterei	Kleinigkeit
Saite/Seite (gleich gesprochen!)	
weiter	leider
Geist	Leib
Eifer	Eiche
zu eigen sein	meine Einsicht

Zeit einhalten	beim Eingang
Einkünfte bestreiten	Heiligtum
Einsamkeit	einschleichen
einunddreißig	Einseitigkeit

Nachdem Sie die Aussprache der Vokale genügend geübt haben, versuchen Sie folgende Sätze mit dem Doppellaut ei klangvoll auszusprechen:

1. Eile mir zu helfen, o Herr, mein Heil!
2. Heilig, heilig, heilig ist der Herr der Heere.
3. Weil dein Erbarmen sie heilte.
4. Ihr, die ihr bereit seid, preist den Herrn!
5. Ich will deinen Namen meinen Brüdern verkünden, inmitten der Gemeinde dich preisen.
6. Ein dem Herrn Geweihter soll auf Wein und Bier verzichten.
7. Du sollst deinen Weinberg nicht mit zweierlei Gewächs bepflanzen.
8. Bemüht euch, die Einheit des Geistes zu wahren.
9. Ein Leib und ein Geist... ein Herr, ein Glaube, eine Taufe, ein Gott und Vater aller.
10. Weit über Perlen geht der Weisheit Besitz.
11. ... um heilig zu sein an Leib und Geist.
12. Ihr aber seid nicht vom Fleisch, sondern vom Geist bestimmt.
13. Zur Freiheit hat uns Christus befreit. Bleibt daher fest...
14. Ich weiß, daß mein Erlöser lebt!

AU Ebenfalls häufig kommt der Doppellaut au vor. Sprechen Sie zunächst in gewohnter Weise von leise zu laut und von langsam zu schnell folgende Worte oder Wortverbindungen:

Tau	blau
Pfau	genau
schlau	rauh

Bau	grau
Schaum	Baum
tausend	Aufbau
auch	laut
Maul	Gaul
glauben	rauben
Auge um Auge	aus der Traum
Kaufhaus	auf dem Saum
kauern	auf der Mauer

Üben Sie in gewohnter Weise die Aussprache an den folgenden Satzbeispielen aus der Bibel:

1. Wenn du recht handelst, kannst du frei aufschaun.
2. Auch wir glauben, Jesus wurde auferweckt.
3. Alles im Haus hat er mir anvertraut.
4. Im gleichen Augenblick wurde der Aussätzige rein.
5. Wer hat dir die Augen aufgetan?
6. Kaufe Salbe für deine Augen!
7. Laßt uns die Mauern Jerusalems aufbauen!
8. Durch Glauben fielen die Mauern von Jericho.
9. Frau, dein Glaube ist groß.
10. Salomo brachte sie in das Haus, das er für sie gebaut hatte.
11. Mit dem Himmelreich ist es wie mit einem Sauerteig, den eine Frau nahm und unter das Mehl mischte, bis alles durchsäuert war.
12. Staub bist du, zu Staub kehrst du zurück.

EU Der letzte Doppellaut ist das eu, geschrieben auch als äu, oi oder oy, gesprochen in allen Fällen als oi. Kontrollieren Sie zunächst Ihre genaue Lautwiedergabe. Sprechen Sie zunächst die Wortbeispiele:

---

neu	scheu
Heu	Efeu
Abscheu	getreu
Scheune	schäumen

heute	Häute
Leute	läuten
euch	Eule
Scheusal	Schläuche
träumen	bräunen
heulen	freundlich
Feuer	Gemäuer

Nachdem Sie diesen Doppellaut eingeübt haben, sprechen Sie folgende Sätze laut, deutlich, mit steigendem Tempo und zunehmend lauter Stimme:

1. Es falle Feuer vom Himmel – und es fiel Feuer vom Himmel.
2. Die Spreu wird er in unauslöschlichem Feuer verbrennen.
3. Er schleuderte das Tier ins Feuer.
4. Feuer fiel vom Himmel und der Teufel wurde ins brennende Feuer geworfen.
5. Bäume und Häuser werden sich freuen.
6. . . . daß meine Freude euer aller Freude ist.
7. . . . daß ich mit Freuden zu euch komme.
8. Die Frucht des Geistes ist aber Liebe, Freude, Friede, Langmut, Freundlichkeit, Güte, Treue.
9. . . . ein Verleumder entzweit Freunde.
10. Der Freund des Bräutigams freut sich über die Stimme des Bräutigams.
11. Mein Sohn bist du, heute habe ich dich gezeugt.
12. Heute hört auf seine Stimme: verhärtet eure Herzen nicht.
13. Nehmt Worte der Reue mit euch!

4.2 Die Aussprache der Mitlaute (Konsonanten)

Während eine klangvolle Aussprache der Vokale den Glanz eines Vortrags ausmacht, ist eine exakt artikulierte Aussprache der Konsonanten entscheidend für das mühelose Verstehen vorgetragener Texte. Die Konsonanten bilden nämlich das Gerüst der Sprache und bringen erst den Sinn in die Klangwelt der Vokale. Darum muß der Lektor oder die Lektorin jede Sorgfalt auf die korrekte Einübung einer gut geformten Aussprache verwenden. Das macht eine präzise Schulung und eine ständige Übung unerläßlich.

Wir können im Rahmen dieser kleinen Lektorenschule nicht auf alle Einzelheiten der deutschen Bühnensprache eingehen. Nur die wichtigsten Regeln zur Aussprache der Konsonanten sollen hier geboten werden. Oberstes Prinzip bleibt aber: Versuchen Sie immer gut zu artikulieren und nicht die Konsonanten zu verschlucken. Die Hörer danken es Ihnen!

Folgende Übersicht der Konsonanten erleichtert Ihnen die Orientierung:

Nasallaute			m / n / ng
Verschlußlaute	stimmhaft	(weich)	b / d / g
	stimmlos	(hart)	p / t / k / x
Reibelaute	stimmhaft	(weich)	v(w) / s(z) / ch
(Engelaute)	stimmlos	(hart)	f / s(ß) / sch
Liquide	Zitterlaut		r
	Seitenenglaut		l
Hauchlaut			h

Nasallaute (m / n / ng)

Wir beginnen mit den *Nasallauten*, bei denen zur Lautbildung die Luft nicht durch den Mund (wie bei den Vokalen), sondern durch die Nase abströmt.

M / N / NG Beim *m* ist der Mund geschlossen, die Lippen leicht aufeinandergelegt, beim *n* ist der Mund leicht geöffnet, die Zungenspitze aber angehoben, beim *ng* vornehmlich am Wortende der Mund leicht geöffnet wie beim n, der Zungenrücken zum Gaumen angehoben.

Zur Formung einer warmen und resonanzreichen Stimme ist die Ausbildung klingender Nasallaute besonders wichtig. Ein solches Timbre wird von den Zuhörern als angenehm empfunden. Darum beginnen wir mit Wortbeispielen, die Sie so lange laut wiederholen sollen, bis Sie das Gefühl haben, daß der Klang der Nasallaute voll zum Tragen kommt. Zur Einübung kann man von leise zu laut und von langsam zu schnell folgende Wortbildung beliebig wiederholen:

Manna-Manna-Manna-Manna-Manna . . .

Mensch	Menge
machen	Manasse
Mann	Mangel
Männer	männlich
Mond	Mord
merken	mitten
Mund	müde
Nacht	Nächster
Nacken	Nahrung
Nahum	Name
Nebo	nehmen
niemand	Noah
Not	Norden
nur	Nutzen
mein Name	von nun an
Zwang	Anhang
Bange	unbefangen

Um den Gegensatz zwischen einem nasal-sonoren ñg und einem stimmlosen (hart gesprochenen) n***k*** herauszuarbeiten, sprechen Sie folgende einander gegenübergestellte Worte:

fing	–	Fink	schwang	–	Schwank
singen	–	sinken	sang	–	sank
Engel	–	Enkel	Drang	–	Trank
schlang	–	schlank	Gang	–	krank

Versuchen Sie die folgenden Sätze in gewohnter Weise so lange laut und deutlich zu wiederholen, bis sie Ihnen klangvoll und ohne Mühe gelingen:

1. Wer hat ihn gesehen, daß er erzählen könnte, und wer kann ihn loben, wie es ihm entspricht?
2. Sie setzte sich in der Nähe hin, denn sie sagte: ich kann nicht mit ansehen, wie das Kind stirbt.
3. Wenn du willst, kannst du Gottes Willen tun.
4. Wegen ihrer großen Menge, war das Gewicht der Bronze nicht festzustellen.
5. Der Herr hat sich mit Macht umgürtet.
6. Worüber dir Macht gegeben ist, darüber sinne nach!
7. Dort bereiteten sie ihm ein Mahl. Marta bediente ihn.
8. Am anderen Morgen nahm Abraham Brot . . .
9. Gott nannte das Licht Tag und die Finsternis nannte er Nacht.
10. Bei solchem Tun kann niemand vor dir bestehen.
11. Niemand gedenkt jenes Armen.
12. . . . , dann nimm etwas Nilwasser und schütte es auf den trockenen Boden.
13. Als sich die Menschen über die Erde hin zu vermehren begannen, . . .
14. Es gibt nur einen und denselben Herrn.
15. Ich suche allen in allem entgegenzukommen, ich suche nicht meinen Nutzen, sondern den Nutzen aller.
16. Wenn ich nämlich das Evangelium verkünde, kann ich mich deswegen nicht rühmen; denn ein Zwang liegt auf mir.
17. Es war eine Menge Menschen beisammen und folgte ihm.
18. Deine Söhne kommen von fern, deine Töchter trägt man auf den Armen herbei.

19. Zahllose Kamele bedecken dein Land; Dromedare aus Midian und Éfa bringen Weihrauch und Gold und verkünden die ruhmreichen Taten des Herrn.
20. Sogleich nach der Drangsal wird sich die Sonne verfinstern . . .
21. Ein Engel des Herrn trat zu ihnen.
22. Elisabeth, deine Verwandte, hat noch in ihrem Alter einen Sohn empfangen.

Liquide (l / r)

L Das l ist ein stimmhafter *Seitenenglaut*. Der Mund ist leicht geöffnet, die Zungenspitze erhoben; sie legt sich ganz locker unmittelbar hinter die oberen Schneidezähne. Die Luft entweicht zu beiden Seiten zwischen Zunge und Backen.

Um die richtige Aussprache zu üben, sprechen Sie bitte folgende Wortbeispiele zunächst mit einem l als Anlaut, dann mit einem l innerhalb des Wortes:

Lamm	Land
lang	lassen
Leib und Leben	letzte Liebe
liebliche Lilie	liebe Leute
liegender Löwe	lauter Lügen
Plan	plötzlich
blenden	blond
plump	bleich
fliegende Blätter	kleinliche Klagen
bläuliche Flamme	Schlag auf Schlag
heulen	Halle
halten	walten
Stuhl	hohl
Bibel	Lächeln
milde Milch	blitzender Dolch
die elfte Elle	bleibende Hilfe
viel Lärm	voll Lust

viel lieber	kühl lächeln
will laufen	soll leben

Wenn Sie auch die beiden Worte, bei denen eines mit l endet, das andere mit l beginnt, flüssig und ohne Mühe aussprechen können, widmen Sie ihre Aufmerksamkeit den folgenden Sätzen. Wie alle unsere Übungen wiederholen Sie jeden Satz von leise zu laut, von langsam zu schnell so lange, bis er Ihnen zügig von den Lippen geht.

1. Gott sprach: Es werde Licht. Und es wurde Licht.
2. Rette dich Lot! Es gilt dein Leben!
3. So sollst du geben Leben um Leben!
4. Diese Leute haben ihr Leben verwirkt.
5. In Schmach und Schande sollen alle fallen, die mir nach dem Leben trachten.
6. In ihm war das Leben und das Leben war das Licht der Menschen.
7. Alle Zöllner und Sünder kamen zu ihm.
8. Ein Licht vom Himmel her umleuchtete mich.
9. Das Wasser wimmle von lebenden Wesen und Vögel sollen über dem Land am Himmelsgewölbe dahinfliegen.
10. Du sollst nicht stehlen!
11. Von den Frevlern geht Frevel aus.
12. Alle Ältesten Israels . . . salbten David zum König.
13. Die Freunde Ijobs Elifaz, Bildad und Zofar blickten zum Himmel.
14. Des Löwen Brüllen, des Leuen Knurren ließ uns erzittern.
15. Alles lobe seinen heiligen Namen.
16. Halleluja! Singt dem Herrn ein neues Lied, sein Lob erschalle unter den Frommen.
17. Lobt ihn all seine Engel, lobt ihn all ihr leuchtenden Sterne.
18. Der Herr ist langmütig, reich an Huld und Treue. Er bewahrt Huld und nimmt Schuld, Frevel und Sünde weg.
19. Das Wasser, das ich ihm gebe, wird ihm zur sprudelnden Quelle werden, die ewigen Leben schenkt.
20. . . . um denen zu helfen, die das Heil erben sollen.

21. Da geschah es, ... daß mich plötzlich vom Himmel her ein helles Licht umstrahlte.

R Das r ist ein stimmhafter *Zitterlaut*. Es gibt zwei Lautbildungen: Das rollende Zungen-r, das vor allem in Süddeutschland zu Hause ist, und das im rückwärtigen Rachenraum gebildete Zäpfchen-r, eine vornehmlich norddeutsche Eigenart. Im Prinzip sind beide Lautbildungen im Deutschen gleichberechtigt.

Beim *Zungen-r* liegt die Zunge hinter den oberen Schneidezähnen, wobei der Luftstrom die Zungenspitze zum Flattern bringt. Ein rollendes Zungen-r besonders am Wortanfang gibt der Klangfülle mehr Kraft. Einige Übung ist dafür aber erforderlich.

Beim *Zäpfchen-r* legt sich der rückwärtige Teil der Zunge an das Rachen-Zäpfchen, das durch den abließenden Luftstrom zum Flattern gebracht wird. Man kann es leicht üben, wenn man nach dem Gurgeln mit Wasser »trocken« gurgelt. Das Zäpfchen-r wird im modernen Deutschen vornehmlich in unbetonten Silben im Auslaut verwendet.

Wortbeispiele:

Rabe	Rasse
Regen	Riese
Rose	Riß
Rätsel	rötlich
Reiter	Räuber
Rücken	Ruck
rauschen	Raum
trotz	Drohung
Triumph	Drang
Traube	Druck
Traum	draußen
Vater	Mutter
Feuer	Fehler
Retter	Mittler

Wenn Sie das Gefühl haben, daß Sie die Lautbildung des r gut beherrschen, wenden Sie sich bitte der Artikulation folgender Übungssätze zu. Sie wissen: zuerst langsam, dann immer schneller, dann schnell, zuerst leise, dann immer lauter, schließlich mit voller Stimme:

1. Rede, Herr, dein Diener hört!
2. Herr, unser Herrscher, wie herrlich ist dein Name auf der ganzen Erde!
3. Ihr dürft euch nicht vor ihnen fürchten!
4. Mein Herz ist fröhlich im Herrn.
5. Gerechter Gott, der du auf Herz und Nieren prüfst.
6. Der Herr erhört mich, wenn ich zu ihm rufe.
7. Was krumm ist, soll gerade werden.
8. Aus der Tiefe rufe ich zu dir, Herr, höre meine Stimme.
9. ... er ruft das Wasser des Meeres.
10. Und wenn dir der Herr dann Ruhe gewährt ...
11. Das geknickte Rohr zerbricht er nicht, ... er bringt wirklich das Recht.
12. Wie unsere Väter im Roten Meer errettet wurden, ...
13. ... dem Rücken der Toren die Rute!
14. Wenn er die Vergeltung sieht, freut sich der Gerechte.
15. So spricht der Herr, der Befreier Israels ...
16. Gott erweist seine Gerechtigkeit durch die Vergebung der Sünden.
17. Er hat uns errettet; mit heiligem Ruf hat er uns gerufen, nicht aufgrund unserer Werke.
18. Obwohl ich ihn früher lästerte, verfolgte und verhöhnte, habe ich Erbarmen gefunden.
19. Heilige sie in der Wahrheit; dein Wort ist Wahrheit.
20. Ich sah die Toten vor dem Thron stehen. Sie wurden gerichtet nach ihren Werken.
21. Wenn der Menschensohn kommt in seiner Herrlichkeit, wird er sich auf den Thron seiner Herrlichkeit setzen.
22. Er, der reich war, wurde euretwegen arm, um euch durch seine Armut reich zu machen.

Hauchlaut (h)

H Das h ist ein *Hauchlaut*, gebraucht nurmehr als gehauchter Vokalansatz. Im Deutschen wird das h nur noch am Wort- oder Wortstammanfang (Herr, beherzt), in den Nachsilben -heit und -haft sowie innerhalb weniger anderer Worte (aha, Uhu) gesprochen. Sonst ist das h innerhalb eines Wortes (Ehe, Ruhe) grundsätzlich stumm!

Wortbeispiele:

Hafen	handeln
Herd	Herde
Honig	häufig
Hut	heiß
Hauch	Hunger
Haus und Hof	Hund halten
heiter	heucheln
aufhalten	anheben
verhindern	Hinterhalt
Verhör	Verhütung
Behausung	Abholung
Freiheit	Johannes

aber (stumm):

sehen	gehen
stehen	ziehen
wehen	flehen
spähen	Höhe
weihen	Weihrauch
Truhe	Ruhe
Ehe	Schuhe
Mühsal	früher
bedrohen	Verzeihung
ehern	hohe
Versehen	erhöhen

Sind Sie sich über die Aussprache oder Stummheit des h in den einzelnen Worten sicher, versuchen Sie die Übungssätze:

1. Der Herr ist mein Hirt.
2. Herr, eile mir zu helfen!
3. Herr, unser Herrscher, ... über den Himmel breitest du deine Hoheit.
4. Meine Hilfe kommt vom Herrn.
5. Wer reine Hände hat und ein lauteres Herz ...
6. Der Herr steige herab mit mir unter die Helden.
7. Wohnt Gott im Himmel?
8. Ach, würdet ihr doch heute auf seine Stimme hören, verhärtet eure Herzen nicht ...
9. Aufrichtigen Herzens habe ich gespendet.
10. Weil ihr aber Söhne seid, sandte Gott den Geist seines Sohnes in unser Herz.
11. Noch heute Nacht, ehe der Hahn zweimal kräht ...
12. Die Ehe soll von allen in Ehren gehalten werden.
13. Ich werde sie heiligen und für meinen Priesterdienst weihen.
14. Sie gingen in das Haus, sahen das Kind und seine Mutter ... und huldigten ihm.
15. Ich sehe den Himmel offen und den Menschensohn zur Rechten Gottes stehen!
16. Im Todesjahr des Königs Usija sah ich den Herrn. Er saß auf einem hohen und erhabenen Thron.
17. Hast du gesehen, was Israel getan hat? Sie begab sich auf jeden hohen Berg ...
18. Viele Hunde umlagern mich, ... sie durchbohren mir Hände und Füße.
19. ... ich bin nicht wert, ihm die Schuhe auszuziehen.
20. Im Himmel Friede und Herrlichkeit in der Höhe!
21. Johannes soll er heißen!

Reibelaute (f | v | pf / w | qu)

F | V | PF Das f ist ein stimmloser Reibelaut. Es entsteht, wenn sich die Luft zwischen Unterlippe und den oberen Schneidezähnen »reibt«. Dem Buchstaben v entspricht im Deutschen kein eigener Laut. Er wird wie f gesprochen (ausgenommen einige wenige Fremdworte, in denen er wie w ausgesprochen wird.) In der Lautverbindung pf ist auf einen kräftigen Verschluß beim p zu achten, weil sie sonst wie ein fades f klingt!

Wortbeispiele

finden – fand – gefunden
fahren – fuhr – gefahren
flechten – flocht – geflochten
fliegen – flog – geflogen
fahren – fuhr – gefahren
fühlen – fühlte – gefühlt

viel	fiel
voll	folgen
Verzeihung	Verfolgung
Volk	folgen
Vater	Falle
Fund	Pfund
fand	Pfand
feil	Pfeil
Flug	Pflug
Flaum	Pflaume
fad	Pfad
Fährte	Pferde
Fahne	Pfanne

Wenn Sie sich in der Lautbildung sicher fühlen, sprechen Sie folgende Sätze in gewohnter Weise:

1. Du hast es verloren und wirst es nie wieder finden!
2. Man fand keine schöneren Frauen als die Töchter Ijobs.
3. Wer einen Freund findet, findet einen Schatz.
4. Ihr sind viele Sünden vergeben, weil sie viel Liebe gezeigt hat.
5. Seid fruchtbar, vermehret euch und bevölkert die Erde!
6. Furcht vor euch ... sollen alle Vögel des Himmels und alle Fische des Meeres haben.
7. Nicht Fleisch und Blut haben dir das geoffenbart, sondern mein Vater im Himmel.

8. Wenn sie euch verfolgen in dieser Stadt, so flieht in eine andere.
9. Im Schatten deiner Flügel finde ich Zuflucht.
10. Viele Frauen waren Jesus nachgefolgt ...
11. Hast du den Mund aufgetan gegen den Freund, verzage nicht, es gibt eine Vergebung.
12. Halte deinen Fuß fern von ihrem Pfad.
13. David sagte: die Pfeile liegen von dir weg! Der Herr schickt dich fort!
14. Das Tor ist weit, das ins Verderben führt und viele gehen diesen Pfad.
15. Die Frauen klagten: ... stecken deine Füße im Sumpf, verlassen dich alle.
16. Als er hinauf kam, ... liefen ihm die Philister mit Triumphgeschrei entgegen.
17. Die Fürsten und Gewalten hat er entwaffnet ..., durch Christus hat er über sie triumphiert.
18. Hiskija nahm den Brief in Empfang und las ihn.
19. Ich habe vom Herrn empfangen, was ich euch überliefert habe.
20. Kämpfe den guten Kampf!
21. Weil du mit dem Fuß auf den Boden gestampft hast, ... überlasse ich dich den Völkern zur Plünderung.

W | QU Das w wird ähnlich gebildet wie das f, nur wird es stimmhaft ausgesprochen. Es erscheint fast ausschließlich zum Wortanfang. Im Deutschen gibt es nur wenige Worte mit w als Inlaut. In einigen biblischen Eigennamen wird v geschrieben, aber w ausgesprochen (z. B. Eva, David). Beim qu (gesprochen kw) wird kein Übergangslaut dazwischengeschaltet!

Wortbeispiele

wollen	Welle
Wasser	Wille
wann und wo	wer und wie
Winterwetter	widerwillig

Weltwunder	wissenswert
Wohlwollen	Wunderwasser
wetterwendisch	Wildwuchs

Achtung! v = w

Dávid und Góliat	Adam und Eva
oval	Sklave
Vokal	Vulkan
Veteran	Vasall
Quelle	Qual
Qualm	Quaste
kreuz und quer	quicklebendig
Quellwasser	Querbau

Wenn Sie die Lautbildung sicher beherrschen, sprechen Sie bitte die folgenden Übungssätze:

1. Wir wissen nicht, wieviel wir opfern müssen.
2. Wie viele Taglöhner meines Vaters haben genug zu essen.
3. Gewogen wurdest du auf der Waage und zu leicht befunden.
4. Ihr Berge, was hüpft ihr wie Widder . . . ?
5. Wenn nur der Herr sein Wort wahrmacht.
6. Eva wurde schwanger . . . Sie gebar ein zweites Mal.
7. Laß dich warnen, . . . sonst mache ich dich zur Wüste.
8. Sie wird vom Wind gerüttelt und von der Gewalt des Sturmes entwurzelt.
9. Von David, der dem Herrn diese Worte sang, als er aus der Gewalt der Feinde errettet wurde.
10. Dein Wort ist Wahrheit.
11. Weisheit ist wie Wunder für den Verstand.
12. Er wuchs auf wie ein junger Sproß, wie ein Wurzeltrieb.
13. Ich lasse in der Wüste Wasser fließen, um mein erwähltes Volk zu tränken.
14. Dein Sklave und deine Sklavin sollen sich ausruhen wie du.
15. Sie sind Quellen ohne Wasser, Wolken, die der Sturm vor sich herjagt.
16. Das Wasser . . . wird ihm zur sprudelnden Quelle, deren Wasser ewiges Leben schenkt.

17. Er soll sie warnen, daß sie nicht an den Ort der Qual kommen.
18. Da kam eine arme Witwe und warf zwei kleine Münzen hinein.
19. Alle, die zum Schwert greifen, werden durch das Schwert umkommen.
20. Da sprach Jesus zu den Zwölf: Wollt auch ihr weggehen?
21. Wir wollen beim Gebet und beim Dienst am Wort bleiben.
22. Was will denn dieser Schwätzer?

Reibelaute s | ß | z / sch / ch | j

S Der Reibelaut s kommt im Deutschen sowohl stimmhaft als auch stimmlos vor. Folgende Regel gilt für die stimmhafte Aussprache:

1. Am Wort- oder Wortstammanfang, in den Nachsilben -sal und -sam (z. B. Seele, Gesandter, Mühsal),
2. zwischen zwei Vokalen (z. B. Böse) und
3. zwischen den Liquiden l/r oder den Nasalen m/n und einem Vokal (z. B. Ursache, einsam).

Das s wird gebildet, indem die Luft zwischen der leicht vorgewölbten Zunge und den oberen Schneidezähnen hindurchgleitet. Diese Stellung gilt sowohl für die stimmhafte als auch für die stimmlose Aussprache. Am besten üben Sie diesen Unterschied anhand folgender Wortpaare:

Rose	Rosse
Busen	Buße
Wiese	Wissen
hausen	außen
Reise	reißen
Häuser	äußern

Wenn Sie die für das stimmhafte s aufgestellten Regeln berücksichtigen, wissen Sie schon, wie folgende Wortbeispiele gesprochen werden müssen:

Sage – Sack – Sand
Seher – sehen – Sommer
Sinn – sehr – Susanna
Sünde – Söhne – Sämann
Säuseln – Seuche – Saum
lesen – lassen – Besen
Riese – Risse – Rasen
Böse – Biß – Blase
Reise – Riß – Rose
Rasse – Rasen – Rosse
Süße – Base – essen

Versuchen Sie jetzt die richtige Lautbildung in folgenden Übungssätzen anzuwenden:

1. Die Königin von Sába hörte vom Ruf Sálomos und kam, um ihn mit Rätselfragen auf die Probe zu stellen.
2. Sálomo tat aber, was dem Herrn mißfiel.
3. Bald darauf empfing seine Frau Elisabet einen Sohn.
4. Nachdem König Artaxérxes in Súsa den Thron seines Reiches bestiegen hatte, . . .
5. Köstlich ist der Duft deiner Salben, dein Name hingegossenes Salböl.
6. Siehe, das sind nur die Säume seines Waltens.
7. Josef war schön von Gestalt und Aussehen.
8. Saulus, Saulus, warum verfolgst du mich?
9. Jesus verließ das Haus und setzte sich an den See.
10. Die Sonne geht auf und ihre Hitze versengt das Gras.
11. Als Jesus im Haus Simons des Aussätzigen war, . . .
12. Der Krieg zwischen dem Haus Sauls und dem Haus Davids zog sich hin.
13. Wie oft muß ich meinem Bruder vergeben, wenn er sich gegen mich versündigt? Siebenmal?
14. Jesus sagte zu ihm: Nicht siebenmal, sondern siebenundsiebzigmal!

15. Der Stachel des Todes ist die Sünde, die Kraft der Sünde ist aber das Gesetz.
16. Isaak war alt geworden, seine Augen waren erloschen, daß er nicht mehr sehen konnte.
17. Er rief seinen ältesten Sohn Esau und sagte zu ihm: ...
18. Esau war dem Jakob feind wegen des Segens, mit dem er gesegnet war.
19. Auf Rossen wollen wir dahinrasen ...
20. Wie goldene Säulen auf silbernem Sockel, ...
21. Macht euch keine Sorgen: Was sollen wir essen?

Z Das z bezeichnet die Verbindung zweier Laute, nämlich von t und stimmlosem s (z. B. Ziel). Beginnt ein Wort mit der Vorsilbe ent- und folgt ein Wortstamm mit anlautendem s, werden aber die Laute getrennt gesprochen, weil s im Anlaut immer stimmhaft gesprochen wird (z. B. entsorgen)! Am besten üben Sie den Unterschied an folgenden Wortbeispielen:

Zeug	entseuchen
Zauber	entstehen
Zahn	entsahnen
Zoll	entsorgen
zäh	entseelt

SCH Der im Deutschen nicht gerade selten vorkommende Reibelaut sch wird stets stimmlos gesprochen – außer in einigen Fremdworten. Dabei sind die Lippen im Gegensatz zum s vorgestülpt. Dann entsteht auch ein schöner, rauschender Klang. Üben Sie folgende Wortbeispiele:

Schuhe	Schule
Schatten	schwül
schau	Schutz
Schlange	Schöpfer
schön	schuldig

schonen
belauschen
Silberschmuck
waschen
falscher Mensch

scheinen
rauschen
waschecht
dreschen
täuschender Schein

ST | SP Die Lautverbindung st und sp wird im Anlaut deutscher Wortstämme üblicherweise wie scht oder schp gesprochen. Die in einigen norddeutschen Gegenden übliche Sprechweise mit stimmlosem s-t oder s-p ist landsmannschaftlich bedingt und mag dort auch in der Hochsprache eingeführt sein. Im allgemeinen wirkt diese Ausdrucksweise aber eher gekünstelt.

Wortbeispiele:

Sprache
Spende
Splitter
verspotten
versprühen
speichern
Spreu

Stadt
Strecke
Stimme
verstoßen
verstummen
Steuern
Streu

aber (s-p):

Spektakel
Wespe
knusprig
wispern
Knospe
Mispel

aber (s-t):

stagnieren
hastig
husten
lüstern
Posten
lustig

Gelegentlich stoßen im Deutschen auch zwei Zischlaute aufeinander. Hier werden beide durch eine kurze Pause voneinander getrennt gesprochen. Trainieren Sie das bitte an folgenden Wortbeispielen:

Falschspieler	Fischschwanz
Tischschmuck	Tischsitte
zu Tisch sitzen	er wusch sich
rasch schlagen	Mensch selbst
deutsch sprechen	hebräisch schreiben
Blitzschlag	Blitzstrahl
Herzschlag	Rechtsschutz
blitzsauber	Schwarzseher
Kurzschluß	Salzsäule

Nachdem Sie jetzt die Aussprache der verschiedenen s-Laute beherrschen, versuchen Sie folgende Übungssätze gut artikuliert zu wiederholen:

1. Ihr seid das Salz der Erde.
2. Wenn das Salz seinen Geschmack verliert, womit kann man es wieder salzig machen?
3. Wer von euch wird, wenn ihm am Sabbat ein Schaf in die Grube fällt, es nicht sofort wieder herausziehen?
4. Um wieviel mehr ist ein Mensch wert als ein Schaf!
5. Die Schlange war schlauer als alle Tiere des Feldes.
6. Der Herr steht dir zur Seite, am Tag seines Zorns zerschmettert er Fürsten.
7. Du sollst nicht falsch schwören.
9. Sie stießen Stephanus zur Stadt hinaus.
10. Der Stadtschreiber brachte die Menge zum Schweigen.
11. Das zweite Los fiel auf den Stamm der Simeoniten und ihre Sippen.
12. Der Bischof sei nicht streitsüchtig . . .
13. Er machte aus dem Sturm ein Säuseln, daß die Wogen des Meeres schwiegen.
14. Durch das Gesetz kommt es zur Erkenntnis der Sünde.
15. Selbst ein Gesetzesbruch kann die Gesetzesbrecher nicht retten.
16. Alles hat seine Stunde, für jedes Geschehen gibt es eine Zeit.
17. Es gibt eine Zeit zum Steinewerfen und eine Zeit zum Steinesammeln.

18. Wer im Sommer sammelt, ist ein kluger Mensch.
19. In Schande gerät, wer zur Erntezeit schläft.
20. Als Lots Frau zurückschaute, wurde sie zur Salzsäule.
21. Während der ganzen Zeit habe ich nichts gegessen.
22. Blitze zuckten über den Erdkreis.
23. Strahlender Glanz umgab rings seine Gestalt.

CH/J Im Deutschen steht die Buchstabenverbindung ch nicht für eine Verbindung zweier Reibelaute, sondern für einen einheitlichen Laut wie in ach oder ich. Wer sich ganz genau beobachtet, wird bei Lautbildung des ch in ach oder ich noch einen gewissen Unterschied entdecken. Während ach das ch im rückwärtigen Rachenraum gebildet wird, entsteht der ch-Laut bei ich im vorderen Rachenraum. Entsprechend ist der Mund weiter oder enger geöffnet.

J das im Deutschen fast ausschließlich im Anlaut vorkommt (z. B. ja, jetzt) wird ähnlich wie das Ich-ch gebildet, nur stimmhaft gesprochen. Üben Sie bitte die Lautbildung in folgenden Wortbeispielen:

---

mich	sich
frech	recht
reich	seicht
weich	leicht
Buch	Sprache
flach	Flucht
Wache	Stachel
du sprichst	du keuchst
der Nächste	der Höchste
Mädchen	bißchen
Durchschnitt	Gleichschritt
Johannes	Jugend
Jenseits	Jauchzen
Jubeljahr	Juda
Jünger	Jüngling

Wenn Sie die Lautbildung sicher beherrschen, üben Sie diese bei genauer Artikulation in folgenden Sätzen:

1. Wach auf, ... du hast zum Gericht gerufen, der Herr richtet die Völker.
2. Weil ich gerecht bin, verschaffe mir Recht!
3. Schon jetzt liegt für mich der Kranz der Gerechtigkeit bereit, den mir der gerechte Richter geben wird.
4. Mädchen, ich sage dir, steh auf!
5. Es ist wirklich ein Land, in dem Milch und Honig fließen.
6. Milch gab ich euch zu trinken ...
7. In jener Nacht erschien ihm der Herr und sprach: ... fürchte dich nicht, denn ich bin mit dir.
8. Schaut auf mich, dann macht es mir nach!
9. Richtet nicht vor der Zeit!
10. Wir wollen nicht schlafen, ... sondern wach und nüchtern sein.
11. Selig die Knechte, die der Herr wach findet.
12. Ich sinne über dich nach während der Nachtwache.
13. Reiß dich los, ... wie ein Vogel aus der Schlinge des Jägers.
14. Das Jagen gleicht dem Jagen Jehus; er jagt wie ein Rasender.
15. Da ich dich seit vielen Jahren als Richter kenne, ...
16. Josef berief seinen Vater Jakob zu sich.
17. Jesus, Johannes, Jakobus und Judas.
18. Jauchzt und jubelt ihr Gerechten!
19. In Jerusalem wohnten Juden.
20. Jesus zog von Judäa in das Gebiet jenseits des Jordan.
21. Jesus sagte: Ein Mann ging von Jerusalem nach Jericho.
22. Und Jesaia sagt: Ich ließ mich finden von denen, die mich nicht suchten.

Verschlußlaute (p | b / t | d / k | g / x)

Die Verschlußlaute, manchmal auch Explosivlaute genannt, gliedern sich in zwei Gruppen: p t k werden stimmlos (hart) mit größerer Anspannung, hingegen b d g stimmhaft (weich) mit einem gewissen Stimmklang ausgesprochen. Charakteristisch für die Lautbildung ist, wo der Verschluß gebildet wird, bevor der Luftstrom abfließen kann. Bei p und b sind es die Lippen, bei t und d die Vorderzunge hinter den oberen Schneidezähnen, bei k und g der rückwärtige Zungenrücken am Gaumen.

Das x stellt eine lautliche Verbindung zwischen k und s dar. Gelegentlich wird auch die Buchstabenverbindung chs wie x (ks) ausgesprochen (z. B. Wuchs).

Versuchen Sie die richtige Lautbildung durch mehrfache Wiederholung folgender Wortbeispiele:

p-b	Pein – Bein	Pracht – brachte
	Pakt – backen	Prosa – Brosamen
	paßt – Bast	Protest – Brot
	Partner – Bart	Liebe – Lippe
	platt – Blatt	leben – Lappen
	plötzlich – Blöße	haben – Happen
	plaudern – blau	Rabe – Rappen
	Bube – Puppe	Grube – Gruppe
t-d	Tier – dir	bitter – Lieder
	Teer – der	Seite – Seide
	Teich – Deich	Latte – Lade
	Trank – Drang	mitteilen – mundtot
	Tritt – dritt	litt – Lied
k-g	Kern – gern	Kuß – Gruß
	Keule – Gäule	kaum – Gaumen
	Kleid – gleiten	klimmen – glimmen
	klauben – glauben	Kram – Gram
x	sechs – Hexe	Axt – Luxus

Das Deutsche kennt keinen stimmhaften (weichen) Auslaut. Deshalb wird b d g am Wort- oder Silbenende stimmlos (hart) wie p t k ausgesprochen. Üben Sie das an folgenden Wortbeispielen:

ab und zu	ob du willst
gelb	vergilbt
halb	Kalb
Dieb	Grab
Rebstock	du glaubst
lobpreisen	abprallen
Abbitte	Raubbau
abbrechen	abbeißen
Lied	Tod
Rad	Jagd
Magd	Eid
ihr seid	Held

Eine Ausnahme bei stimmhaftem Auslaut von b d g macht nur die Schlußsilbe -ig. Diese wird im Auslaut wie -ich gesprochen (z. B. König, Ewigkeit). Folgt allerdings auf -ig ein Vokal, so bleibt die Aussprache als g natürlich erhalten (also: nicht Könighe, sondern Köni**g**e)! Endet ein Wort mit -eg, darf es keinesfalls als -ech ausgesprochen werden (also: We***g*** und nicht Wech)! Üben Sie die korrekte Aussprache anhand folgender Wortbeispiele:

Gnade	gnädig
Ziege	Bogen
Tag	täglich
weg (nicht wech!)	wegen
Berg (nicht: Berch!)	Erfolg
Sieg	siech
Flug	Fluch
König	Könige
wenig	wenige
Teig	Teich
Zwerg	Zwerchfell

zurückgehen	Rückgrat
Berggipfel	weggehen
eifrig	beteiligt
ruhig	beruhigt
Ewigkeit	weniger
Verkündigung	Beruhigung

Wenn Sie die Aussprache – wie beschrieben – gut beherrschen, wenden Sie sich bitte folgenden Übungssätzen zu:

1. Während er den Weg hinaufstieg, kamen kleine Knaben und verspotteten ihn.
2. Sie riefen: Kahlkopf, komm herauf! Kahlkopf, komm herauf!
3. Es war ein reicher Mann, der sich in Purpur und feines Leinen kleidete und herrlich lebte Tag für Tag.
4. Du sollst dir kein Abbild machen und keine Darstellung von irgend etwas.
5. Über Feuer gebraten, mit ungesäuertem Brot und Bitterkräutern soll man es essen.
6. Alle, die Purpur oder Byssus bei sich fanden, brachten es herbei.
7. Da machten sich die sieben Engel bereit, die sieben Posaunen zu blasen.
8. Der Dieb soll doppelten Ersatz leisten.
9. Zahlt euer Meister die Doppeldrachme?
10. Ich habe über alles berichtet, was Jesus getan und gelehrt hat bis zu dem Tag, an dem er aufgenommen wurde.
11. Ihr habt gehört, daß zu den Alten gesagt wurde, du sollst nicht töten!
12. Jetzt aber hat er euch durch seinen Tod versöhnt, um euch untadelig vor sich treten zu lassen.
13. Schafft den alten Sauerteig weg, damit ihr neuer Teig seid.
14. Wer Zucht liebt, liebt Erkenntnis, wer Zurechtweisung haßt, ist dumm.
15. Sie werden auf den blicken, den sie durchbohrt haben.
16. Kreuzige, kreuzige ihn!

17. Euern König soll ich kreuzigen?
18. Darum danken wir Gott . . .
19. Ihr seid den Gemeinden Gottes in Judäa gleich geworden . . .
20. Auf ihren Köpfen trugen sie etwas, was goldschimmernden Kränzen glich . . .
21. Wer beim Gold des Tempels schwört, ist gebunden.
22. Was ist wichtiger: das Gold oder der Tempel, der das Gold erst heiligt?
23. Als wir auf dem Weg zur Gebetsstätte waren, begegnete uns eine Magd, die einen Wahrsagegeist hatte, . . .
24. . . . und mit ihrer Wahrsagerei ihren Herren großen Gewinn einbrachte.
25. Sechs Tage dürft ihr sammeln, am siebten Tag ist Sabbat.
26. Schon ist die Axt an die Wurzel der Bäume gelegt.

4.3 Elf Merkpunkte für das korrekte Sprechen

1. Vokale müssen im Deutschen klar und tönend hervorgebracht werden. Üben Sie immer wieder den vollen Klang!
2. Die Zunge gehört bei der Vokalbildung an die Unterzähne!
3. Zum Lautcharakter der deutschen Sprache gehört der Wechsel von langen und kurzen, von volltönenden und nur kurz angesetzten Vokalen. Arbeiten Sie diesen Unterschied immer klar heraus!
4. Mögen tönende Vokale auch noch so schön klingen, erst der Konsonant bringt Sinn in den Schall. Ohne Artikulation der Konsonanten kein verständlicher Text!
5. Scheuen Sie nicht kräftige Kiefern- und Lippenbewegungen! Sie sind zur korrekten Lautbildung notwendig.
6. Versuchen Sie immer lautlos und schnell einzuatmen!
7. Vermeiden Sie beim Einatmen das Heben der Schultern!
8. Versuchen Sie stets über das Zwerchfell, und zwar am besten über die Rückenpartie der Lunge (über den Nieren) zu atmen!
9. Stehen Sie bei Sprechen stets aufrecht!
10. Lassen Sie sich beim Vorlesen nie in Aufregung oder Hast versetzen!
11. Vor allem aber: Denken Sie immer daran, daß es Wort Gottes vorzutragen gilt, das verstanden werden und die Zuhörer bewegen soll!

5. Kapitel

Grundregeln des Vortrags (Rhetorik)

So wichtig eine korrekte Lautbildung und eine fehlerlose Aussprache der einzelnen Worte für das Verständnis eines vorgetragenen Textes ist, so wichtig ist aber auch das Erfassen des größeren Sinnzusammenhangs, um eine möglichst adäquate Wiedergabe der Gedanken für die Zuhörer zu erreichen. Wenn ein Text verständlich geformt werden soll, dürfen wir also keineswegs von den einzelnen Worten, auch nicht von deren Summe ausgehen. Vielmehr muß der Text in einzelne Sinnschritte gegliedert werden, die dann gedanklich, aber auch rhythmisch und melodisch gestaltet werden wollen. Damit befassen wir uns im folgenden.

5.1 Jeder Satz hat seine eigene Melodie

Die Einheit, die grammatikalisch, aber auch rhetorisch der Gestaltung eines längeren Textes zugrunde liegt, ist der Satz. Aber genausowenig, wie ein Wort vom Lektor oder der Lektorin buchstabiert werden darf, genausowenig darf ein Satz in seine Einzelwörter zerrissen werden. Die Kunst des Vortrags besteht vielmehr darin, einen geschlossenen Gedanken in einer zusammenhängenden Schallform zusammenzubinden.

Die natürliche Einheit, von der man dabei auszugehen hat, ist der Satz. Ihn gilt es durch die gestalterischen Mittel, die dem oder der Vortragenden zu Gebote stehen, von seinem Sinn her zu formen. An rhetorischen Ausdrucksmöglichkeiten kommen dafür drei Dimensionen in Frage: Lautstärke, Melodie und Rhythmus.

1. Die gebräuchlichste und in allgemeiner Vorstellung wichtigste Möglichkeit der Hervorhebung besteht im gezielten Wech-

sel der *Lautstärke* von leise zu laut und umgekehrt. Dabei muß die Betonung eines Wortes oder einer Wortgruppe durchaus nicht immer durch größere Stimmstärke erfolgen. Manchmal kann der bewußte Einsatz leiser Töne den gleichen Zweck, gelegentlich sogar noch besser erreichen. Nur muß sich der Lektor oder die Lektorin schon bei der Vorbereitung entscheiden, welches Stilmittel er an wichtigen Textstellen einsetzen will.

2. Darüber hinaus hat aber jeder Satz seine eigene *Melodie*. Im allgemeinen verläuft die Tonbewegung eines Aussagesatzes wie ein nach oben gespannter Bogen: Er beginnt mit einer normalen Tonlage, steigt langsam an bis zum Höhepunkt, normalerweise dem Schwerpunkt der Aussage, um dann wieder zu normaler Tonhöhe zurückzufallen. In längeren Sätzen kann der Ton auch mehrfach zur Gipfelhöhe ansteigen und zwischendurch mehrfach wieder abfallen. Der wichtigste Akzent wird aber gewöhnlich durch eine größere Tonhöhe markiert.

3. Neben Lautstärke und Melodie darf die zeitliche Dimension nicht vergessen werden, der *Rhythmus*. Im Wechsel von langsam zu schnell und umgekehrt liegt bei einem geübten Vortrag ein eigener Reiz. Nebensächlichere Bemerkunen kann man in schneller Wortfolge übergehen, wichtige Akzente durch langsame Passagen hervorheben. Aber Vorsicht! Keinesfalls darf der oder die Vortragende sich bei schnellem Wortrhythmus verhaspeln. Dann lieber langsam! Übung macht hier – wie übrigens auch bei den anderen rhetorischen Stilmitteln – den Meister.

Im allgemeinen werden alle drei Dimensionen im Deutschen stärker verwendet als in anderen Sprachen. Im Deutschen sind die Unterschiede zwischen betonten und unbetonten Silben sowie die Höhenunterschiede der Satzmelodie sehr viel stärker ausgeprägt als im Englischen, gelegentlich auch im Französischen.

Übrigens lassen sich diese Mittel der Sprachgestaltung nicht fein säuberlich trennen. Vielmehr durchdringen sich Lautstärke, Melodie und Rhythmus oft gegenseitig. Sinnstiftend ist aber in erster Linie die Tonstärke (leise – laut), der von der Melodieführung (tief – hoch) und dem Wortrhythmus (langsam – schnell) nur unterstützt wird. Deshalb legen wir bei den folgenden Übungen auf die richtige Betonung innerhalb eines Satzes den größten Wert. Das andere muß die Übung oder – im guten Sinne – die Routine bringen.

Außerdem ist zu berücksichtigen: So sehr beim Vortrag auf den grammatikalisch richtigen Satzbau zu achten ist, die Sinneinheit entscheidet allein über die Zusammenfassung zu einer Sprecheinheit. Darum können auch einmal zwei und drei Sätze zu einer Sprecheinheit zusammengezogen werden, vielleicht auch einmal ein längerer Satz in zwei Sprechheinheiten getrennt werden. Der Lektor oder die Lektorin ist jedenfalls gefordert, bei Vorbereitung eines Textes Verstand, Gefühl und – Willen einzusetzen!

Für die nachfolgenden Satzübungen werden folgende Zeichen verwendet:

kursiv:	schwache Hervorhebung
kursiv halbfett:	mittlere Hervorhebung
fett:	starke Hervorhebung
| :	Sinnschrittgrenze (kurze Pause)
| | :	Grenze der Sinneinheit (Pause)
+:	Staupause (zur Hervorhebung des Folgenden)
∗:	Atempause

Zur Satzmelodie und und zum Leserhythmus werden keine Zeichen gegeben. Hier muß der Lektor oder die Lektorin durch Übung selbst den persönlichen Stil finden.

Satzübungen

Beginnen wir mit dem ersten Satz der Bibel, der uns schon vertraut ist, weil er alle fünf Vokale enthält. Wir versuchen ihn zunächst getrennt nach den oben genannten Stilmitteln der Lautstärke, der Satzmelodie und dem Rhythmus zu gliedern.

1. Lautstärke: Im *Anfang* schuf ***Gott*** **Himmel** und ***Erde***.
2. Melodie:

		Himmel		
	Gott		und	
Im Anfang schuf				Erde.

3. Rhythmus: Im Anfang schuf Gott+ Himmel und Erde.∗

Wie man sieht, spielt die lautliche Betonung neben den zum Rhythmus zählenden Pausen die dominierende Rolle. In den folgenden Satzbeispielen beschränke ich mich darum auf die diesbezüglich notwendigen Zeichen.

Aussagesätze, in denen sich Satz und Sinneinheit decken

1. Er baute das **Libanonwaldhaus**, | hundert Ellen ***lang***, | fünfzig Ellen ***breit*** | und fünzig Ellen ***hoch***, | mit drei Reihen von **Zedernsäulen** und mit ***Zederbalken*** **über** den Säulen. | | * (1 Kön 7,2)
2. Das *ganze* ***Volk*** versammelte sich ***geschlossen*** auf dem Platz vor dem ***Wassertor*** | und ***bat*** den *Schrifttgelehrten* ***Esra***, das *Buch* mit dem **Gesetz des Mose** zu holen, | das der **Herr** den Israeliten *vorgeschrieben* hat. | | * (Neh 8,1)
3. Die **Schlange** war ***schlauer*** als ***alle*** *Tiere des Feldes*, | die ***Gott***, der ***Herr***, *gemacht* hatte. | | * (Gen 13,1)
4. Als *bekannt* wurde, | was ***David gesagt*** hatte, | *berichtete* man davon auch in **Sauls Umgebung**, | und **Saul** ließ ihn ***holen***. | | * (1 Sam 17,31)
5. Als Antíochus ***sah***, daß sich seine *Herrschaft* **gefestigt** hatte, | *faßte* er den ***Plan***, | auch *König* von **Ägypten** zu werden | und so über **zwei** Reiche zu herrschen. | | * (1 Makk 1,16)
6. Als man dem *Haus* ***David*** meldete, | + ***Aram*** hat sich mit ***Éfraim*** **verbündet**, | da **zitterte** das Herz des *Königs*, | wie die ***Bäume*** des **Waldes** im *Wind* zittern. | | * (Jes 7,2)
7. ***Saulus*** wütete *immer* noch+ mit ***Drohung*** und **Mord** gegen die ***Jünger*** des *Herrn*. | | (Apg 9,1)
8. Zunächst *danke* ich meinem *Gott* durch Jesus Christus für ***euch*** **alle**, | weil euer ***Glaube*** in der **ganzen Welt** verkündet wird. | | * (Röm 1,8)
9. Was die ***Geldsammlung*** für die **Heiligen** angeht, | sollt auch ***ihr*** euch an **das** halten, was ich für die *Gemeinden* ***Galatiens*** angeordnet habe. | | * (1 Kor 16,1)

10. **Gott**, unser ***Vater***, | und **Jesus**, unser ***Herr***, | mögen unsere *Schritte* zu ***euch*** lenken. | | (1 Thess 2,11)
11. Liebe ***Brüder***, | ich schreibe euch kein *neues* Gebot, sondern ein ***altes*** Gebot, | das ihr von **Anfang *an*** hattet. | | (1 Joh 2,7)
12. **Offenbarung** Jesu ***Christi***, die *Gott* ihm gegeben hat, | damit er seinen *Knechten* ***zeigt***, was **bald *geschehen*** muß; | und er hat es durch seinen ***Engel***, | den er *gesandt* hat, | seinem Knecht ***Johannes*** gezeigt. | | * (Offb 1,1)

Zusammenfassung mehrerer Sätze zu einer Sinneinheit

13. *Gott* ***sprach***: | Es werde **Licht**! | Und es *wurde* Licht. | | * (Gen 1,3)
14. Der ***Herr*** sprach zu *Abram*: | Zieh **weg** aus diesem Land,+ von deiner **Verwandtschaft** und aus deinem ***Vaterhaus***+ in das ***Land*** das ich dir *zeigen* werde. | | * (Gen 12,1)
15. Darauf sprach der ***Herr*** zu *Mose*: | Strecke deine **Hand** über das ***Meer***,+ damit das *Wasser* ***zurückflutet*** und den ***Ägypter***,+ seine *Wagen* und *Reiter* ***zudeckt***. | | * (Ex 14,26)
16. ***Josua***,+ der *Sohn* ***Nuns***,+ schickte von Schittim *heimlich* zwei ***Kundschafter*** aus und *befahl* ihnen: | ***Geht***,+ *erkundet* das ***Land***, | ***besonders*** die Stadt **Jericho**! | | * (Jos 2,1)
17. Da *brach* sie mit ihren *Schwiegertöchtern* ***auf***, um aus dem *Grünland* ***Moabs*** heimzukehren; | denn sie hatte dort *gehört*, | der ***Herr*** habe sich *seines* ***Volkes*** **angenommen** und ihm **Brot** gegeben. | | (Rut 1,6)
18. Als darauf der *König* der *Ammoniter* ***starb***, | und sein Sohn *Hanun* an seiner Stelle *König* wurde, | sagte David: | Ich will ***Hanun***,+ dem Sohn des *Nahasch*, + mein **Wohlwollen** zeigen, | so wie ***sein*** Vater **mir** sein Wohlwollen zeigte. | | * (2 Sam 10,1f)
19. ***Samuel*** sagte zu ***Saul***: | Der **Herr** hatte mich ***gesandt***, um dich zum **König** seines Volkes ***Israel*** zu salben. | *

Darum *gehorche* ***jetzt*** den Worten des ***Herrn***! | | * (1 Sam 15,1)

20. Wer im *Schutz* des ***Höchsten*** wohnt und *ruht* im Schatten des ***Allmächtigen***, | der sagt zum ***Herrn***: + »***Du*** bist für mich **Zuflucht** und **Burg**, | mein ***Gott***, dem ich *vertraue*«. | | * (Ps 91,1f)
21. Im *Todesjahr* des Königs ***Usija*** sah ich den **Herrn**. | Er saß auf einem *hohen* und *erhabenen* ***Thron***. | Der ***Saum*** seines *Gewandes* füllte den *Tempel* aus. | * ***Serafim*** standen *über* ihm. | Jeder hatte ***sechs*** Flügel: | + Mit ***zwei*** Flügeln bedeckten sie ihr ***Gesicht***, mit ***zwei*** bedeckten sie ihre ***Füße***, und mit ***zwei*** **flogen** sie. | Sie riefen einander zu: **Heilig**, **heilig**, ***heilig*** ist der **Herr** der ***Heere***. | Von seiner ***Herrlichkeit*** ist die *ganze* **Erde** erfüllt. | | * (Jes 6,1–3)
22. Wenn du nun diesem *Volk* ***das alles*** verkündest+ und man dich ***fragt***: ***Warum*** droht der *Herr* uns all dieses schwere *Unheil* an? | Worin ***besteht*** unsere ***Schuld*** | und *welche* ***Sünde*** haben wir gegen den ***Herrn***, unsern Gott, getan? | * So *antworte* ihnen: | Eure ***Väter*** haben mich *verlassen*,+ Spruch des Herrn;+ Sie liefen ***anderen*** Göttern nach, ***dienten*** ihnen und *beteten* sie ***an***. | **Mich** aber haben sie ***verlassen*** und meine ***Weisung*** *nicht befolgt*. | | * (Jer 16,10f)
23. Die *Gemeinde* der ***Gläubigen*** war **ein** Herz und **eine** Seele. | **Keiner** nannte etwas von ***dem***,+ was er ***hatte***,+ sein ***Eigentum***, sondern sie hatten **alles** ***gemeinsam***. | | * (Apg 4,32)
24. Ich *erinnere euch*,+ Brüder,+ an das ***Evangelium***, | das ich euch *verkündet* habe. | Ihr habt es ***angenommen***; | Es ist der ***Grund***, auf dem ihr *steht*. | | * (1 Kor 15,1)
25. Ihr seid *mit Christus* ***auferweckt***; | darum strebt nach ***dem***,+ was **im Himmel** ist, | wo **Christus** zur **Rechten** ***Gottes*** sitzt. | Richtet euren ***Sinn*** auf das **Himmlische**, ***nicht*** auf das ***Irdische***. | | * (Kol 3,1f)

Trennung eines Satzes in zwei oder mehrere Sinneinheiten

26. *Ehre* deinen ***Vater*** und deine ***Mutter***, | wie es dir der ***Herr***,+ dein Gott,+ zur **Pflicht** gemacht hat, | | damit du lange ***lebst***+ und es dir ***gut*** geht in dem ***Land***, | das der ***Herr***,+ dein ***Gott***,+ dir *gibt*. | | * (Dt 5,16)
27. Du sollst nicht ***morden***, | | du sollst nicht die ***Ehe*** brechen, | | du sollst nicht ***stehlen***, | | du sollst nicht *Falsches* gegen deinen Nächsten ***aussagen***, | | du sollst nicht nach der ***Frau*** deines Nächsten *verlangen* | | * und du sollst nicht das ***Haus*** deines Nächsten *begehren*, | nicht sein ***Feld***, seinen ***Sklaven*** oder seine ***Sklavin***, | sein ***Rind*** oder seinen ***Esel***, | **nichts**,+ was deinem ***Nächsten*** *gehört*. | | * (Dt 6,17–21)
28. Der **Mensch**, vom *Weib* ***geboren***, | *knapp* an ***Tagen***,+ ***unruhvoll***, | | er geht wie die ***Blume*** **auf** und *welkt*, | | ***flieht*** wie ein **Schatten** | + und bleibt ***nicht*** *bestehen*. | | * (Ijob 14,1f)
29. *Wohl* dem ***Mann***,+ der nicht dem *Rat* der ***Frevler*** folgt, | nicht auf dem *Weg* der ***Sünder*** geht, | nicht im *Kreis* der ***Spötter*** sitzt, | | sondern ***Freude*** hat an der **Weisung** des ***Herrn***, | | über seine ***Weisung*** sinnt bei ***Tag*** und bei ***Nacht***. | | * (Ps 1,1f)
30. Das *Wort* des ***Herrn*** erging an *mich*: | | **Menschensohn**, | | wenn sich ein ***Land*** gegen mich *versündigt* | und mir die ***Treue*** bricht | | und wenn ich *dann* meine ***Hand*** gegen das ***Land*** *ausstrecke*, | ihm seinen *Vorrat* an ***Brot*** entziehe, | den ***Hunger*** ins *Land* schicke | und ***Mensch*** und ***Tier*** *ausrotte* | | * und wenn in diesem ***Land*** die drei Männer **Noah**, **Daniel** und **Ijob** leben würden, | | dann würden *nur* diese ***drei*** um ihrer ***Gerechtigkeit*** willen ihr ***Leben*** *retten*, | | **Spruch Gottes** des **Herrn**. | | * (Ez 14,12–14)
31. Denn der Tag des *Herrn der Heere* kommt über alles ***Stolze*** und ***Erhabene***, | über alles ***Hohe*** – es wird ***erniedrigt*** –, | | * über alle *hochragenden* ***Zedern*** des ***Libanon***, und alle ***Eichen*** des ***Baschan***, | | über alle hohen ***Berge***

und alle stattlichen ***Hügel***, | | ∗ über jeden hohen ***Turm*** und jede steile ***Mauer***, | | über alle ***Tarschisch-Schiffe*** und die kostbaren ***Segler***. | | ∗ Die ***stolzen*** *Menschen* müssen sich ***ducken***, | die ***hochmütigen*** *Männer* sich ***beugen***; | der ***Herr*** **allein** ist ***erhaben*** an *jenem Tag*. | | ∗ (Jes 2,14–17)

32. Wenn ich in den *Sprachen* der ***Menschen*** und ***Engel*** redete, | hätte aber die **Liebe** nicht, | | wäre ich ein *dröhnendes* ***Erz*** oder eine *lärmende* ***Pauke***. | | ∗ Und wenn ich *prophetisch* ***reden*** könnte | | und alle ***Geheimnisse*** wüßte und alle ***Erkenntnis*** hätte, | | wenn ich alle ***Glaubenskraft*** besäße und ***Berge*** damit *versetzen* könnte, | hätte aber die **Liebe** nicht, | | wäre ich ***nichts***. | | ∗ Und wenn ich meine *ganze* ***Habe*** verschenkte, | | und wenn ich meinen *Leib* dem ***Feuer*** übergäbe, | hätte aber die **Liebe** ***nicht***, | | nütze es mir ***nichts***. | | ∗ (1 Kor 13,1–3)

33. Seid untereinander ***so*** gesinnt, | wie es dem *Leben* in Christus Jesus ***entspricht***: | | ∗ Er war **Gott** ***gleich***, | + hielt aber ***nicht*** daran ***fest***, wie **Gott** zu sein, | | sondern ***entäußerte*** sich und wurde wie ein ***Sklave*** | + und den ***Menschen*** *gleich*. | | ∗ Sein ***Leben*** war das eines ***Menschen***; | | er ***erniedrigte*** sich | und ward ***gehorsam*** bis zum ***Tod***, | + bis zum *Tod* am **Kreuz**. | | ∗ (Phil 2,5–8)

34. Darum hat Gott ihn ***über alle*** *erhöht* | und ihm einen ***Namen*** verliehen,+ der **größer** ist als ***alle*** *Namen*, | | ∗ damit **alle** im ***Himmel***, auf der ***Erde*** und ***unter*** *der Erde* | ihre ***Knie*** *beugen* vor dem ***Namen Jesu*** | | ∗ und ***jeder Mund*** *bekennt*: »***Jesus Christus*** ist der **Herr**!«+ – zur *Ehre* ***Gottes*** des ***Vaters***. | | ∗ (Phil 2,9–11)

35. Da *wandte* ich mich ***um***,+ weil ich **sehen** wollte, ***wer*** zu mir sprach. | Als ich mich ***umwandte***, | sah ich ***sieben*** *goldene Leuchter* | | und ***mitten*** unter den Leuchtern *einen*, der wie ein **Mensch** aussah; | | ∗ er war *bekleidet* mit einem ***Gewand***,+ das bis auf die ***Füße*** reichte | | und um die ***Brust*** trug er einen *Gürtel* aus ***Gold***. | | ∗ (Offb 1,12).

5.2 Satzzeichen als Lesehilfe

Von manchen Rhetorikern wird die Meinung vertreten, daß Satzzeichen für den Vortrag keinerlei Bedeutung haben. Diese Meinung ist nur bedingt richtig. Gewiß ist die Interpunktion in erster Linie eine Forderung der Grammatik, die für schriftlich fixierte Texte nach korrekter Satzkonstruktion und entsprechender Gliederung verlangt. Jedoch sind die Satzzeichen oft entscheidend für das richtige Erfassen des Textsinnes und von daher auch bestimmend für den Vortrag.

Im Redefluß kann der *Beistrich*, das Komma, am ehesten übergangen werden. Das gilt vor allem für Relativsätze, die zur näheren Bestimmung des Satzgegenstandes, des Subjekts, dienen. Im Vordergrund steht dabei das Verbindende, nicht die Abtrennung des Nebensatzes. Dementsprechend hat das Komma in solchen Fällen für den Vortrag keine trennende Bedeutung. Daher wäre es geradezu sinnwidrig, an dieser Stelle eine wenn auch nur kurze Pause zu machen oder die Stimme zu heben (z. B.: Alle Leute, die bei ihm waren, . . .).

Anders steht es schon beim *Strichpunkt*, dem Semikolon. Er bedeutet einen Halbschluß, das heißt, ein Gedanke ist abgeschlossen, bedarf aber noch einer gewissen Weiterführung oder Erläuterung. Deshab wird da, wo im Text ein Strichpunkt steht, in aller Regel eine kurze Pause, gegebenenfalls eine Staupause (ohne Atem zu holen) zu machen sein.

Das *Fragezeichen* wird im allgemeinen ein Ansteigen der Satzmelodie bewirken. Wenn allerdings der Fragesatz mit einem Fragewort (wer, was, wie) beginnt, kann sich die Satzmelodie zum Ende des Satzes auch senken. Der Lektor oder die Lektorin muß dann im Einzelfall entscheiden, wie der Fragecharakter am besten zum Ausdruck gebracht werden kann.

Das *Ausrufezeichen* am Ende eines Satzes signalisiert einen Aus- oder Anruf; er wird normalerweise mit einer Betonung und angehobener Stimme beginnen, dann aber leicht abfallen. Frage- und Ausrufezeichen erscheinen häufig in der direkten Rede, aber auch in Textteilen, die den Charakter einer direkten Rede haben (z. B. in Briefen).

Der *Doppelpunkt* leitet entweder eine direkte Rede ein, trennt einen angekündigten Satz ab oder steht vor Aufzählungen. In allen Fällen darf beim Doppelpunkt die Stimme nie abgesenkt werden.

Einschaltungen, Parenthesen, müssen rhetorisch vom Hauptsatz getrennt werden. Da sie normalerweise nicht unwichtige Erläuterungen zum Inhalt haben, ist es angebracht, sie durch Wechsel der Tonhöhe (normalerweise etwas tiefer), gegebenenfalls der Lautstärke (etwas leiser) und zusätzlich durch ganz kurze Staupausen vom Hauptsatz abzuheben.

Die hier gegebenen Hinweise zur Beachtung der Satzzeichen sollen an folgenden Beispielsätzen geübt werden.

Übungen

Beistrich (Komma), Strichpunkt (Semikolon) und Doppelpunkt (Kolon)

1. Eines Tages sagte ***Jonatan***, der *Sohn Sauls*, zu seinem Waffenträger: | **Komm**,+ wir wollen zu dem ***Posten*** der *Philister* hinübergehen, der da ***drüben*** steht. (1 Sam 14,1)
2. So ***vollendete*** Salomo den *Bau* des *Hauses*. | Er ***täfelte*** seine ***Innenwände*** mit **Zedernholz** aus; | vom ***Fußboden*** bis zu den Balken der ***Decke*** ließ er eine ***Holzvertäfelung*** anbringen. | Den ***Fußboden*** belegte er mit **Zypressenholz**. | | ∗ (1 Kön 6,14f)
3. **Vieles** und ***Großes*** ist uns durch das **Gesetz**,+ die **Propheten**+ und die **anderen** *Schriften*, die ihnen folgen,+ *geschenkt* worden. | ***Dafür*** ist Israel zu ***loben*** wegen seiner *Bildung* und *Weisheit*. | | ∗ (Sir Vorwort)
4. Da sagten die *Beamten* und das ganze *Volk* zu den *Priestern* und *Propheten*: | **Dieser Mann** hat den **Tod** verdient;+ denn er hat zu uns im *Namen* des ***Herrn***, unseres ***Gottes***, geredet. | | ∗ (Jer 26,16)
5. Der *Tag* ist **da**. | Die *Reihe* ist an **dir**;+ es hat schon ***begonnen***. | Der *Rechtsbruch* **gedeiht**, die *Anmaßung* ***wächst***. | | ∗ (Ez 6,10)

6. ***Euch***, den **Heiden**, sage ich: | Gerade als Apostel der ***Heiden*** *preise* ich meinen *Dienst*,+ weil ich hoffe, die Angehörigen meines Volkes **eifersüchtig** zu machen+ und wenigstens ***einige*** von ihnen zu *retten*. (Röm 11,13f)
7. Womit jemand *prahlt*+ – ich rede jetzt als Narr+ –, damit kann auch **ich** prahlen. | Sie sind ***Hebräer***+ – ich **auch**. | Sie sind ***Israeliten***+ – ich **auch**. | Sie sind *Nachkommen* ***Abrahams***+ – ich **auch**. | * Sie sind *Diener* ***Christi***+ – jetzt rede ich ganz unvernünftig+ –, ich noch **mehr**: | | * Ich ertrug ***mehr*** Mühsal,+ war ***häufiger*** im Gefängnis,+ wurde ***mehr*** geschlagen, war ***oft*** in **Todesgefahr**. (2 Kor 11,22f)

Fragen und Ausrufe

8. Er sagte vor *seinen Brüdern* und dem *Heer von Samarien*:+ Was ***machen*** diese ***elenden*** **Juden** *da*? | Wollen sie ***Jerusalem*** wieder für sich ***befestigen***? | Wollen sie ***Opfer*** *darbringen*? | Wollen sie es an **einem** ***Tag*** *vollenden*? | * Können sie die ***Steine***, die noch ***ausgeglüht*** sind,+ aus den ***Schutthaufen*** zu ***neuem*** **Leben** *aufrichten*? | | * Und ***Tobija*** von *Ammon*, der *neben* ihm stand, sagte: | ***Laß*** sie nur ***bauen***! Springt ein **Fuchs** hinauf, dann *reißt* er ihre ***Steinmauer*** **nieder**. | | * (Neh 3,34f)
9. Auch ***ich*** muß Befehlen *gehorchen*, und ich habe ***selber*** Soldaten unter mir; | sage ich nun zu *einem*:+ **Geh**!,+ so ***geht*** er, und zu einem andern:+ **Komm**!+, so ***kommt*** er, | und zu meinem *Diener*:+ **Tu** das!+, so ***tut*** er es. | | * (Lk 7,8)
10. ***Pilatus*** ging wieder ins *Prätorium* ***hinein***,+ ließ ***Jesus*** rufen und fragte ihn:+ *Bist du* der ***König der*** **Juden**? | | * Jesus antwortete:+ Sagst du das ***von dir*** aus, oder haben es dir ***andere*** über mich *gesagt*? | | * ***Pilatus*** entgegnete:+ Bin ich denn ein **Jude**? | **Dein eigenes Volk** und die *Hohenpriester* haben dich an mich ausgeliefert.+ ***Was*** hast du **getan**? | | * (Joh 18,33–35)
11. *Unterwegs* aber, als er sich bereits ***Damaskus*** näherte, *geschah* es;+ daß ihm plötzlich ein **Licht** vom **Himmel**

umstrahlte. | * Er stürzte zu ***Boden*** und *hörte*, wie eine ***Stimme*** zu ihm *sagte*:+ **Saul**, **Saul**, ***warum*** *verfolgst* du *mich*? | * Er antwortete:+ Wer *bist* du, ***Herr***? | Dieser sagte:+ Ich bin **Jesus**, den du ***verfolgst***. | | * (Apg 9,3–5)

12. Eine *Stimme* ruft:+ ***Bahnt*** für den **Herrn** einen **Weg** durch die ***Wüste***! | ***Baut*** in der Steppe eine **ebene Straße** für unsern ***Gott***! | * Jedes **Tal** soll sich ***heben***,+ jeder **Berg** und **Hügel** sich ***senken***. | | *
13. **Freut *euch*** im Herrn zu ***jeder Zeit***! | Noch einmal sage ich:+ **Freut *euch***! | | * (Phil 4,4)
14. *Bedenke*, aus ***welcher*** **Höhe** du *gefallen* bist. | *Kehr* ***zurück*** zu deinen ***ersten Werken***! | Wenn du ***nicht*** *umkehrst*,+ werde ich ***kommen*** und deinen ***Leuchter*** von seiner ***Stelle*** **wegrücken**. (Offb 2,5)

5.3 Die Kunst der Pause

Zu den schwierigsten und umstrittensten Fragen, die bei der Bemühung um einen möglichst ausdrucksvollen Vortrag vorgegebener Texte auftauchen, gehört die nach dem richtigen Ort und der richtigen Länge von Pausen. Denn Pausen muß der oder die Vortragende beim Vorlesen eines längeren Textes zwangsläufig machen – schon um Atem zu schöpfen. Es kommt nur darauf an, daß sie richtig plaziert und richtig dosiert werden.

Fest steht, daß der natürliche Ort für eine Atempause nach Vollendung einer Sinneinheit ist; bei einem gedruckten Text heißt das: nach einem *Absatz*. Erstreckt sich die Sinneinheit aber über einen längeren Abschnitt, müssen Zwischenpausen eingelegt werden. Das gilt um so mehr, je kraftvoller die Stimmstärke eingesetzt wird. Dann muß der Lektor oder die Lektorin – je nach individueller Atemkapazität – nach geeigneten Stellen zu Zwischenpausen Ausschau halten. Wichtig ist nur, daß die Ruhepunkte überlegt gewählt werden, nicht gerade dann, wenn einem die Luft ausgeht. Eine Sinneinheit muß in einzelne, erkennbare Sinnschritte unterteilt werden.

An der Sinnschrittgrenze kann immer eine kurze Pause eingelegt und zur Atmung genutzt werden. Die Einteilung muß aber bereits bei Vorbereitung des zu verlesenden Textes geschehen und sinnvollerweise markiert werden! Eine Hilfe dafür bieten die Sinnzeilen des Lektionars.

Darüber hinaus ist die Pause ein bewährtes Stilmittel, um nachfolgende Worte oder Textteile besonders hervorzuheben. Wenn ein Satz an einer Stelle unterbrochen wird, wo die Spannung angewachsen ist, hat eine kürzere oder längere Pause die Funktion, die Aufmerksamkeit der Zuhörer weiter zu steigern. Das auf die Pause folgende Wort oder eine entsprechende Wortverbindung erhalten dadurch eine besondere Hervorhebung, die durch Erhöhung der Stimme, manchmal auch durch einen bewußt auf leise gestimmten Kontrast noch verstärkt werden kann. Natürlich darf dieser Kunstgriff der kalkulierten Kunstpause nicht überstrapaziert werden. Es sollte auch nicht bei jeder Lesung zum Einsatz kommen. Dort aber, wo er am Platze ist, wo es um eine außergewöhnliche Betonung geht, wird er auch seine Wirkung entfalten.

Der Lektor oder die Lektorin sollten vor allem deshalb die Texte, die sie vortragen werden, präparieren. Beim Vortrag selbst eilt der Blick gewöhnlich nicht so weit voraus, daß ein sicheres Urteil über Ort und Maß der Pause möglich ist. Die im folgenden angeführten Beispiele sind auch nur als Vorschläge zu verstehen, wie man einen Text handhaben kann. Mit der Zeit wird jeder und jede selbst durch Erfahrung ihren Sprechrhythmus kennenlernen und so ihren eigenen Stil finden.

Übungen

Atempause – Staupause – Kunstpause

1. Von *dort* zog David ***hinauf*** und setzte sich in den schwer zugänglichen Bergen bei *En-Gedi* fest.* Als ***Saul*** von der Verfolgung der Philister *zurückkehrte*, berichtete man ihm: + ***Gib* acht**! + **David** ist in der Steppe von *En-Gedi*.* Da nahm Saul ***dreitausend Mann***, + *ausgesuchte*

Leute aus ganz Israel,+ und zog aus, um **David** und ***seine Männer*** bei den ***Steinbock-Felsen*** zu suchen. | | ∗ (1 Sam 24,1–3)

2. Die *beiden* kamen bei ihrer Reise abends an den ***Tigris***, wo sie übernachteten. | ∗ Als der junge *Tobias* im Fluß ***baden*** wollte, schoß ein **Fisch** aus dem Wasser hoch und *wollte* ihn **verschlingen**. | ∗ Der ***Engel*** rief Tobias *zu*:+ **Pack** ihn! | Da ***packte*** der junge Mann ***zu*** und **warf** den Fisch ans *Ufer*. | ∗ Und der Engel sagte zu *Tobias*:+ ***Schneide*** den Fisch ***auf***,+ nimm **Herz**, **Leber** und **Galle** heraus und *bewahre* sie gut *auf*!∗ Der junge Tobias ***tat***, was ihm der Engel *sagte*. | *Dann* ***brieten*** sie den *Fisch* und ***aßen*** ihn. | | ∗ (Tob 6,1–5)
3. Mein ***Sohn***, | wenn du meine *Worte* ***annimmst*** und meine *Gebote* ***beherzigst***, | der *Weisheit* ***Gehör*** schenkst,+ dein *Herz* der ***Einsicht*** zuneigst,∗ wenn du nach ***Erkenntnis*** rufst, mit lauter Stimme um ***Einsicht*** bittest,+ wenn du sie *suchst* wie ***Silber***, nach ihr *forschst* wie nach ***Schätzen***, **dann** wirst du die *Gottesfurcht* ***begreifen*** und *Gotteserkenntnis* ***finden***. | ∗ Denn der **Herr** gibt ***Weisheit***,+ aus **seinem Mund** kommen ***Erkenntis*** und ***Einsicht***. | | ∗ (Spr 2,1–6)
4. **Weh** dir, *Land*,+ dessen ***König*** ein **Knabe** ist und dessen ***Fürsten*** schon *früh am Morgen* ***tafeln***. | ∗ **Wohl** dir, *Land*,+ dessen ***König*** von **edlem Geschlecht** ist und dessen ***Fürsten*** zur **richtigen Zeit** *tafeln*,+ ***beherrscht***+ und ***nicht*** wie ***Zecher***. | | ∗ (Koh 10,16f)
5. Sie sind doch **alle**,+ vom ***Kleinsten*** bis zum ***Größten***,+ nur auf **Gewinn** aus;+ vom ***Propheten*** bis zum ***Priester*** *betrügen* sie **alle**. | ∗ Den ***Schaden*** meines Volkes möchten sie *leichthin* ***heilen***, indem sie rufen:+ **Heil**, **Heil**!+ Aber **kein *Heil*** ist da. | | ∗ (Jer 6,13f)
6. Da sagte *Agrippa* zu *Paulus*:+ Du hast die *Erlaubnis*, in ***eigener Sache*** zu reden.+ Paulus erhob die *Hand* und sagte zu seiner *Verteidigung*:∗ Ich schätze mich ***glücklich***, König Agrippa,+ daß ich mich heute vor **dir** *verteidigen* darf wegen all der ***Dinge***, die mir die *Juden* **vorwerfen**,+ ***besonders***, da du ein ***Kenner*** der jüdischen *Satzun-*

gen und *Streitfragen* bist. | ***Deshalb bitte*** ich dich, mich *geduldig* anzuhören. | | *

7. ***Gerecht*** *gemacht* aus **Glauben**, haben wir ***Frieden*** mit Gott durch *Jesus Christus*, unsern Herrn. | * Durch **ihn** haben wir auch Zugang zu der ***Gnade*** erhalten, in der wir *stehen*, + und ***rühmen*** uns unserer *Hoffnung* auf die **Herrlichkeit Gottes**. | ***Mehr*** noch, + wir *rühmen* uns ebenso unserer ***Bedrängnis***;* denn wir wissen: + ***Bedrängnis*** bewirkt **Geduld**, + ***Geduld*** aber **Bewährung**, + ***Bewährung*** + **Hoffnung**. | * Die **Hoffnung** aber läßt *nicht* ***zugrunde*** gehen; + denn die **Liebe Gottes** ist ausgegossen in *unsere* ***Herzen*** durch den **Heiligen Geist**, + der uns *gegeben ist*. | | * (Röm 5,1–5)

5.4 Acht Merkpunkte für den korrekten Vortrag

1. Jeder Satz hat seine eigene Melodie! Versuchen Sie stets den Aufbau des Satzes zu durchschauen und ihn beim Sprechen nicht willkürlich zu zerreißen.
2. Passen Sie die Lautstärke ihren persönlichen Gegebenheiten an! Wichtig ist nicht ein kontinuierlich lautes Organ, sondern der Wechsel von leise zu laut und umgekehrt.
3. Üben Sie nicht nur langsam, sondern auch schnell zu sprechen! Der Wechsel im Rhythmus gibt einem vorgelesenen Text mehr Farbe.
4. Vergessen Sie nicht bei schnellem Sprechen peinlich genau zu artikulieren! Einen Wortbrei kann niemand verstehen.
5. Bereiten Sie einen Text gewissenhaft vor, indem Sie die Sinneinheiten, gegebenenfalls die Sinnschritte für sich markieren!
6. Achten Sie auf sinnvoll gesetzt Atempausen! Wer bloß nach Luft schnappt, wenn ihm der Atem ausgeht, wirkt lächerlich.
7. Beachten Sie bei der Vorbereitung die Satzzeichen! Sie sind zwar rhetorisch oft zu übergehen, strukturieren aber doch den Text, damit man den Sinn richtig erfassen kann.
8. Übertreiben Sie nie mit rhetorischen Stilmitteln! Nur der dosierte Einsatz macht das Zuhören verständlich und angenehm.

6. Kapitel

Praktische Übungen mit Texten aus der Meßliturgie

Nachdem wir in Grundzügen die Regeln des korrekten Sprechens und des korrekten Vortrags kennengelernt haben, wollen wir sie mit den eingeübten Fertigkeiten in Texten anwenden, die in der Meßliturgie der Sonn- und Festtage Verwendung finden. Dabei liegt unser Ziel nicht mehr in der richtigen Aussprache einzelner Worte oder des Vortrags einzelner Sätze. Das müssen wir an dieser Stelle bereits voraussetzen. Im folgenden geht es um die aussagekräftige Gestaltung eines größeren Sinnzusammenhangs.

Die ausgewählten Stücke aus der Heiligen Schrift sollen nicht nur zur bloßen Anwendung von erlernten Sprecherziehungsregeln dienen. Das wäre wirklich zu äußerlich, zu »funktional« gedacht. Die angegebenen Texte sollen vom Lektor oder der Lektorin vielmehr dahingehend verinnerlicht werden, daß sie den Gedankengang möglichst vollständig erfassen, um ihn auch den Zuhörern überzeugend zusprechen zu können. Das Geheimnis eines überzeugenden Vorlesens liegt nämlich im günstigsten Fall in der Kunst, so zu lesen, als ob man gerade *nicht* läse, sondern das Gedruckte frei spräche. Schon aus diesem Grund ist eine gewissenhafte Vorbereitung vor jedem Auftreten im Lektorendienst eigentlich eine Selbstverständlichkeit.

Die liturgischen Abschnitte sind nach bestimmten Gesichtspunkten ausgewählt. Aus dem Alten Testament sollen sowohl aus dem Gesetz, der Torá, als auch aus den Propheten und den Schriftwerken solche Lesungen erarbeitet werden, die für die jeweilige Literaturform charakteristisch sind. Das gleiche gilt im Neuen Testament für Lesungen aus der Apostelgeschichte, der Briefliteratur und der Offenbarungsschrift des Johannes. Es sind durchweg Texte, die zum Vortrag durch einen Lektor oder eine Lektorin vorgesehen sind. Aus diesem Grunde werden auch die Evangelien – mit Ausnahme der Passionsgeschichte – ausgeklammert.

Die *alttestamentlichen Lesungen* aus den fünf Büchern Mose, dem Gesetz, haben weithin den Charakter von Erzählungen unterschiedlicher, meist didaktischer Zielrichtung. Formal beinhalten sie stark legendäre Züge. Da sie aber allesamt Glaubenszeugnisse sind und beim Leser beziehungsweise Hörer Glauben wecken und stärken wollen, verlangen sie vom Sprecher eine engagierte Zuwendung zu seinen Hörern.

Die Beispiele aus den Propheten sind Muster der Verkündigung, des anfordernden Anspruchs aus dem Bewußtsein, Gottes Wort den Hörern zuzusprechen. Wenn uns auch Jahrhunderte von der Situation trennen, in der es ursprünglich kundgetan wurde, gilt vieles unvermindert im Hier und Heute. Der Lektor oder die Lektorin muß sich daher zunächst selbst der fordernden prophetischen Anrede stellen, selbst davon betroffen sein, um der Gemeinde Betroffenheit vermitteln zu können.

Die ausgewählten Lesungen der Schriftwerke insbesondere aus der Weisheitsliteratur enthalten manche Sinnsprüche, Aphorismen, die wegen ihres oft schwierigen Gefüges der Sätze große Sicherheit in der Sprachgestaltung verlangen. Wenn die Zuhörer beim Vortrag den Sinn sofort erfassen sollen, muß jedes Wort deutlich, aber in der richtigen Schwereabstufung ausgesprochen werden. Gerade hier ist eine deutliche Gliederung des Textes durch Pausen zwischen den Sinnschritten wichtig. Die semitische Poesie kommt dieser Gestaltung insofern entgegen, als sie als Stilmittel bevorzugt die Parallelaussage, manchmal auch die Gegenüberstellung des Kontrastes einsetzt. Wenn irgendwo, dann haben hier die Satzzeichen, die lediglich grammatischen Prinzipien folgen, meist keine Bedeutung für die rhetorische Gestaltung.

Bei den *neutestamentlichen Abschnitten* sind die aus der Apostelgeschichte ausgewählten Lesungen Beispiele einer mustergültigen, literarisch gewandten Prosa. Hier sollte der Lektor oder die Lektorin auf den längeren Atem des versierten Erzählers eingehen. Dabei ist es angebracht, einen

Sprechstil einzusetzen, der mehr der freien Rede gleicht und nicht dem Ablesen eines Textes.

Der Brief steht dem gesprochenen Wort am nächsten. Besonders bei den Lesungen aus den Schreiben des Paulus mit ihrem ständigen Wechsel aus Darlegung und Reflexion, mit ihren lebendigen Bildern, Ausrufen und direkten Anreden, kann man den Eindruck einer echten Unterhaltung mit einem Partner haben. Dieses Gefühl einer unmittelbaren Kommunikation mit dem Briefschreiber sollte der Vortragende seinen Zuhörern vermitteln. Das ist nicht unschwer mit einem bewußt eingesetzten Wechsel von Lautstärke, Tonhöhe und Sprechtempo erreichbar, wenn man den Text inhaltlich gründlich erarbeitet hat.

Bei der Offenbarung des Johannes handelt es sich um eine minutiös geplante Schriftprophetie, die bei der rhetorischen Nachgestaltung höchstes Können voraussetzt. Eine geistige Durchdringung des Aufbaus ist Voraussetzung für die sprachliche Wiedergabe. Falsches Pathos wäre gleichwohl fehl am Platz. Das Trostwort für die kleinasiatischen Kirchen in der schrecklichen Verfolgungszeit unter Kaiser Domitian (81–96) sollte den Vortrag des Lektors diktieren und der anwesenden Gemeinde Trost und Zuversicht spenden.

Für alle Lesungen gilt: Der oder die Vortragende darf kein Selbstgespräch führen. Er oder sie will ja nicht nur eine neutrale Mitteilung verlesen, sie wollen und sollen doch mit den Worten der Heiligen Schrift ihre Zuhörer erreichen, belehren und überzeugen. Das wird ihnen um so mehr gelingen, je tiefer sie selbst das Wort Gottes verinnerlicht haben, das sie der Gemeinde zusprechen. Außerdem ist der Kontakt mit den Zuhörern wichtig. Er zeigt sich nicht nur in einer aufrechten, ihnen zugewandten Sprechhaltung, auch ein gelegentlicher Augenkontakt sollte diesem Zweck dienen.

Im folgenden ist jeweils nur die erste Lesung eines Schriftkomplexes mit Zeichen zur Betonung und zu den Pausen versehen, die selbstverständlich nur als Vorschläge zu betrachten sind. Die anderen ausgewählten Texte sollen die Benutzer dieses Buches rhetorisch selbst erarbeiten. Wer sich mit den bisherigen Übungen gewissenhaft befaßt und Aussprache und

Vortrag trainiert hat, muß dazu in der Lage sein. Die Einteilung in Sinnzeilen, wie sie heute in den Perikopenbüchern allgemein üblich ist, kann dazu eine wertvolle Hilfe bieten. Allerdings gilt dabei auch: Nicht nach jeder Sinnzeile ist eine Pause angebracht! Achten Sie also besonders auf die hier vorgeschlagenen Pausen. Bei der zweiten und dritten Lesung in jeder Textgruppe können Sie selbst Ihre Pausen- und Betonungszeichen eintragen.

6.1 Liturgische Texte aus dem Alten Testament

6.1.1 Texte aus dem Gesetz

1. Gen 18,1–10: Eine Gottesbegegnung Abrahams. Erste Lesung am 16. Sonntag im Jahreskreis, Lesejahr C.
   In jenen Tagen
   erschien der *Herr* **Abraham**
   bei den *Eichen von Mamre*.+
   Abraham saß zur Zeit der *Mittagshitze* am ***Zelteingang***. | ∗
   Er blickte ***auf*** und sah vor sich **drei Männer** stehen. |
   Als er sie ***sah***,+
   lief er ihnen vom Zelteingang aus ***entgegen***,+
   warf sich zur ***Erde*** nieder und sagte:∗
   Mein **Herr**, wenn ich dein ***Wohlgefallen*** gefunden habe,
   geh doch an deinem *Knecht* nicht ***vorbei***! | ∗
   Man wird etwas ***Wasser*** holen;
   dann könnt ihr euch die ***Füße*** waschen
   und euch unter dem Baum ***ausruhen***. | ∗
   Ich will einen ***Bissen Brot*** holen,
   und **ihr** könnt dann nach einer ***kleinen Stärkung*** weitergehen; +
   denn ***deshalb*** seid ihr doch bei eurem *Knecht* vorbeigekommen. | ∗
   Sie erwiderten:+ ***Tu***, wie du **gesagt** hast. | | ∗
   Da lief *Abraham* eiligst ins Zelt zu ***Sara***
   und ***rief***: **Schnell**+ drei Maß ***feines Mehl***!+

Rühr es *an*, und backe ***Brotfladen***! | *
Er lief weiter zum ***Vieh***,+
nahm ein *zartes, prächtiges* ***Kalb***
und übergab es dem ***Jungknecht***,+
der es schnell *zubereitete*. | *
Dann nahm Abraham ***Butter***, ***Milch*** und das ***Kalb***,
das er hatte *zubereiten* lassen,+
und ***setzte*** es ihnen ***vor***. |
Er ***wartete*** ihnen unter dem Baum ***auf***, während sie *aßen*. | | *

Sie *fragten* ihn: **W**o ist deine Frau **Sara**? |
Dort im **Zelt**, sagte er. | *
Da sprach der *Herr*:+ In ***einem Jahr*** komme ich ***wieder*** zu dir,+
dann wird deine Frau Sara ***einen*** **Sohn** haben. | | *

2. Ex 22,20–26: Gebote zur Behandlung Fremder und Armer. Erste Lesung am 30. Sonntag im Jahreskreis, Lesejahr A.

So spricht der Herr:
Einen Fremden sollst du nicht ausnützen oder ausbeuten,
denn ihr seid selbst in Ägypten Fremde gewesen.
Ihr sollt keine Witwe oder Waise ausnützen.
Wenn du sie ausnützt und sie zu mir schreit,
werde ich auf ihren Klageschrei hören.
Mein Zorn wird entbrennen,
und ich werde euch mit dem Schwert umbringen,
so daß eure Frauen zu Witwen und eure Söhne
zu Waisen werden.

Leihst du einem aus meinem Volk,
einem Armen, der neben dir wohnt, Geld,
dann sollst du dich gegen ihn
nicht wie ein Wucherer benehmen.
Ihr sollt von ihm keinen Wucherzins fordern.
Nimmst du von einem Mitbürger den Mantel zum Pfand,
dann sollst du ihn bis Sonnenuntergang zurückgeben;
denn es ist seine einzige Decke,
der Mantel, mit dem er seinen bloßen Leib bedeckt.

Worin soll er sonst schlafen?
Wenn er zu mir schreit, höre ich es,
denn ich habe Mitleid.

3. Dt 4,1–2.6-8: Mahnung, die Gebote Gottes zu achten und zu befolgen. Erste Lesung am 22. Sonntag im Jahreskreis, Lesejahr B.

   Mose sprach zum Volk:
   Israel, höre die Gesetze und Rechtsvorschriften,
   die ich euch zu halten lehre.
   Hört, und ihr werdet leben,
   ihr werdet das Land,
   das der Herr, der Gott eurer Väter, euch gibt,
   hineinziehen und es in Besitz nehmen.
   Ihr sollt dem Wortlaut dessen, worauf ich euch verpflichte,
   nichts hinzufügen und nichts davon wegnehmen;
   ihr sollt auf die Gebote des Herrn, eures Gottes, achten,
   auf die ich euch verpflichte.
   Ihr sollt auf sie achten und sollt sie halten.
   Denn darin besteht eure Weisheit und eure Bildung
   in den Augen der Völker.
   Wenn sie dieses Gesetzeswerk kennenlernen,
   müssen sie sagen: In der Tat,
   diese große Nation ist ein weises und gebildetes Volk.
   Denn welche große Nation hätte Götter,
   die ihr so nah sind, wie Jahwe, unser Gott, uns nah ist,
   wo immer wir ihn anrufen?
   Oder welche große Nation besäße Gesetze und Rechtsvorschriften,
   die so gerecht sind wie alles in dieser Weisung,
   die ich euch heute vorlege?

6.1.2 Texte aus den Propheten

4. Jes 9,1–6: Eine messianische Verheißung. Erste Lesung in der Heiligen Nacht, Lesejahre A, B und C.

   Das ***Volk***, das im ***Dunkeln*** lebt,
   sieht ein ***helles*** **Licht**; +

über ***denen***, die im Land der ***Finsternis*** wohnen,
strahlt ein **Licht** auf. | *
Du *erregst* ***lauten Jubel***
und *schenkst* ***große Freude***. +
Man ***freut*** sich in *deiner Nähe*,
wie man sich ***freut*** bei der **Ernte**, +
wie man ***jubelt***, wenn **Beute** verteilt wird. | | *
Denn wie am Tag von *Mídian*
zerbrichst du das ***drückende Joch***, +
das ***Tragholz*** auf der *Schulter*
und den ***Stock*** des *Treibers*. | *
Jeder ***Stiefel***, der *dröhnend* **daherstampft**, +
jeder ***Mantel***, der mit ***Blut*** *befleckt* ist,
wird **verbrannt**, +
wird ein ***Fraß*** des ***Feuers***. | | *
Denn+ uns ist ein **Kind** geboren, +
ein **Sohn** ist uns geschenkt. | *
Die **Herrschaft** liegt auf seiner ***Schulter***; |
man nennt ihn: **Wunderbarer Ratgeber**, + **Starker Gott**, +
Vater in Ewigkeit, + **Fürst** des **Friedens**. | *
Seine **Herrschaft** ist ***groß***,
und der **Friede** hat *kein* ***Ende***. |
Auf dem ***Thron Davids*** *herrscht* er über *sein Reich*;*
er *festigt* und *stützt* es durch **Recht** und **Gerechtigkeit**, +
jetzt und in ***alle Zeiten***. | *
Der leidenschaftliche *Eifer* des ***Herrn der Heere***
wird das *vollbringen*. | | *

5. Jer 23,1–6: Tadel über die schlechten Hirten, Verheißung eines guten Hirten. Erste Lesung am 16. Sonntag im Jahreskreis, Lesejahr B.

Weh den Hirten,
die die Schafe meiner Weide zugrunde richten und zerstreuen
– Spruch des Herrn.
Darum – so spricht der Herr, der Gott Israels,
über die Hirten, die mein Volk weiden:
Ihr habt meine Schafe zerstreut und versprengt
und habt euch nicht um sie gekümmert.

Jetzt ziehe ich euch zur Rechenschaft wegen eurer bösen Taten
– Spruch des Herrn.
Ich selbst aber sammle den Rest meiner Schafe
aus allen Ländern, wohin ich sie versprengt habe.
Ich bringe sie zurück auf ihre Weide;
sie sollen fruchtbar sein und sich vermehren.
Ich werde für sie Hirten bestellen, die sie weiden,
und sie werden sich nicht mehr fürchten und ängstigen
und nicht mehr verlorengehen
– Spruch des Herrn.
Seht, es kommen Tage
– Spruch des Herrn –,
da werde ich für David einen gerechten Sproß erwecken.
Er wird als König herrschen und weise handeln,
für Recht und Gerechtigkeit wird er sorgen im Land.
In seinen Tagen wird Juda gerettet werden,
Israel kann in Sicherheit wohnen.
Man wird ihm den Namen geben:
Der Herr ist unsere Gerechtigkeit.

6. Hos 6,3–6: Gottes wahrer Wille ist Liebe und Gotteserkenntnis. Erste Lesung am 10. Sonntag im Jahreskreis, Lesejahr A.
Laßt uns streben nach Erkenntnis,
nach Erkenntnis des Herrn.
Er kommt so sicher wie das Morgenrot;
er kommt zu uns wie der Regen,
wie der Frühjahrsregen, der die Erde tränkt.
Was soll ich tun mit dir, Éfraim?
Was soll ich tun mit dir, Juda?
Eure Liebe ist wie die Wolke am Morgen
und wie der Tau, der bald vergeht.
Darum schlage ich drein durch die Propheten,
ich töte sie durch die Worte meines Mundes.
Dann leuchtet mein Recht auf wie das Licht.
Liebe will ich, nicht Schlachtopfer,
Gotteserkenntnis statt Brandopfer!

6.1.3 Texte aus den Schriftwerken

7. Ijob 7,1–4.6–7: Überlegungen zum Schicksal des Menschen. Erste Lesung am 5. Sonntag im Jahreskreis, Lesejahr B.

Ijob ergriff das *Wort* und sprach: | +
Ist nicht **Kriegsdienst** des *Menschen Leben* auf der *Erde*? | ∗
Sind nicht seine ***Tage*** die eines **Tagelöhners**? | ∗
Wie ein **Knecht** ist er, der nach ***Schatten*** *lechzt*, +
wie ein **Tagelöhner**, der auf den ***Lohn*** *wartet*. | | ∗
So wurden ***Monde*** voll ***Enttäuschung*** mein *Erbe*, +
und ***Nächte*** voller ***Mühsal*** teilte man mir zu. | ∗
Lege ich mich ***nieder***, sage ich: + Wann darf ich ***aufstehn***? | +
Wird es ***Abend***, bin ich *gesättigt* mit ***Unrast***, bis es *dämmert*. | ∗
Schneller als ein ***Weberschiffchen*** eilen meine Tage, +
der ***Faden*** geht *aus*, + sie *schwinden* dahin. | ∗
Denk daran, daß mein *Leben* nur ein **Hauch** ist. | +
Nie mehr schaut mein Auge *Glück*. | | ∗

8. Spr 31,10–13.19-20.30–31: Die praktische Lebenstüchtigkeit und Lebensweisheit der Frau. Erste Lesung am 33. Sonntag im Jahreskreis, Lesejahr A.

Eine tüchtige Frau, wer findet sie?
Sie übertrifft alle Perlen an Wert.
Das Herz ihres Mannes vertraut auf sie,
und es fehlt ihm nicht an Gewinn.
Sie tut ihm Gutes und nie Böses
alle Tage ihres Lebens.

Sie sorgt für Wolle und Flachs
und schafft mit emsigen Händen.
Nach dem Spinnrocken greift ihre Hand,
ihre Finger fassen die Spindel.
Sie öffnet ihre Hand für den Bedürftigen
und reicht ihre Hände den Armen.

Trügerisch ist Anmut, vergänglich die Schönheit;
nur eine gottesfürchtige Frau verdient Lob.
Preist sie für den Ertrag ihrer Hände,
ihre Werke soll man am Stadttor loben.

9. Weish 11,22–12,2: Gott liebt seine Schöpfung und hat mit ihr Erbarmen. Erste Lesung am 31. Sonntag im Jahreskreis, Lesejahr C.

Herr,
die ganze Welt ist vor dir wie ein Stäubchen auf der Waage,
wie ein Tautropfen, der am Morgen zur Erde fällt.
Du hast mit allen Erbarmen, weil du alles vermagst,
und siehst über die Sünden der Menschen hinweg,
damit sie sich bekehren.
Du liebst alles, was ist,
und verabscheust nichts von allem, was du gemacht hast;
denn hättest du es gehaßt,
so hättest du es nicht geschaffen.

Wie könnte etwas ohne deinen Willen Bestand haben,
oder wie könnte etwas erhalten bleiben,
das nicht von dir ins Dasein gerufen wäre?
Du schonst alles, weil es dein Eigentum ist,
Herr, du Freund des Lebens.
Denn in allem ist dein unvergänglicher Geist.
Darum bestrafst du die Sünder nur nach und nach;
du mahnst sie und erinnerst sie an ihre Sünden,
damit sie sich von der Schlechtigkeit abwenden
und an dich glauben, Herr.

6.2 Liturgische Texte aus dem Neuen Testament

6.2.1 Texte aus der Apostelgeschichte

10. Apg 2,42–47: Aus der Zelle der Urkirche entwickelt sich schnell eine größere Gemeinschaft. Erste Lesung am 2. Sonntag der Osterzeit, Lesejahr A.

Die *Gläubigen* hielten an der *Lehre der Apostel* ***fest***
und an der ***Gemeinschaft***,+
am ***Brechen des Brotes*** und an den ***Gebeten***. | *
Alle wurden von **Furcht** ergriffen;
denn durch die *Apostel* geschahen ***viele*** **Wunder** und
Zeichen. | *
Und **alle**, die ***gläubig*** geworden waren,+
bildeten **eine** ***Gemeinschaft*** und hatten **alles** gemeinsam.
Sie ***verkauften*** *Hab und Gut*
und gaben davon **allen**,+
jedem ***so viel***, wie er ***nötig*** hatte. | *
Tag für ***Tag*** verharrten sie ***einmütig*** im *Tempel*,+
brachen in ihren Häusern das **Brot**+
und hielten miteinander **Mahl** in ***Freude*** und ***Einfalt*** des
Herzens. | *
Sie ***lobten*** *Gott* und waren beim *ganzen Volk* ***beliebt***. |
Und der **Herr** fügte ***täglich*** ihrer Gemeinschaft ***die***
hinzu,+
die ***gerettet*** werden sollten. | | *

11. Apg 6,8–10;7,54–60: Das Wirken und die Steinigung des Stephanus. Erste Lesung am Fest des Hl. Stephanus, 26. Dezember, Lesejahre A, B und C.

In jenen Tagen
tat Stephanus,
voll Gnade und Kraft,
Wunder und große Zeichen unter dem Volk.
Doch einige von der sogenannten Synagoge der Libertíner
und Zyrenäer und Alexandríner
und Leute aus Zilízien und der Provinz Asien
erhoben sich, um mit Stephanus zu streiten;
aber sie konnten der Weisheit und dem Geist, mit dem er
sprach,
nicht widerstehen.

Als sie seine Rede hörten,
waren sie aufs äußerste über ihn empört
und knirschten mit den Zähnen.

Er aber, erfüllt mit heiligem Geist,
blickte zum Himmel empor,
sah die Herrlichkeit Gottes und Jesus zur Rechten Gottes stehen
und rief:
Ich sehe den Himmel offen
und den Menschensohn zur Rechten Gottes stehen.
Da erhoben sie ein lautes Geschrei,
hielten sich die Ohren zu,
stürmten gemeinsam auf ihn los,
trieben ihn zur Stadt hinaus und steinigten ihn.
Die Zeugen legten ihre Kleider
zu Füßen eines jungen Mannes nieder, der Saulus hieß.
So steinigten sie den Stephanus;
er aber betete
und rief: Herr Jesus, nimm meinen Geist auf!
Dann sank er in die Knie
und schrie laut:
Herr, rechne ihnen diese Sünde nicht an!
Nach diesen Worten starb er.

12. Apg 15,1–2.22–29: Das Apostelkonzil beschließt, die aus dem Heidentum Bekehrten nicht zur Beschneidung zu zwingen. Erste Lesung am 6. Sonntag der Osterzeit, Lesejahr C.

In jenen Tagen
kamen einige Leute von Judäa herab
und lehrten die Brüder:
Wenn ihr euch nicht
nach dem Brauch des Mose beschneiden laßt,
könnt ihr nicht gerettet werden.
Nach großer Aufregung und heftigen Auseinandersetzungen
zwischen ihnen und Paulus und Bárnabas beschloß man,
Paulus und Bárnabas und einige andere von ihnen
sollten wegen dieser Streitfrage
zu den Aposteln und den Ältesten
nach Jerusalem hinaufgehen.

Da beschlossen die Apostel und die Ältesten
zusammen mit der ganzen Gemeinde,
Männer aus ihrer Mitte auszuwählen
und sie zusammen mit Paulus und Bárnabas
nach Antióchia zu senden,
nämlich Judas, genannt Basábbas, und Sílas,
führende Männer unter den Brüdern.
Sie gaben ihnen folgendes Schreiben mit:
Die Apostel und die Ältesten, eure Brüder,
grüßen die Brüder aus dem Heidentum
in Antióchia, in Syrien und Zilízien.
Wir haben gehört,
daß einige von uns, denen wir keinen Auftrag erteilt haben,
euch mit ihren Reden beunruhigt
und eure Gemüter erregt haben.
Deshalb haben wir uns geeinigt
und beschlossen, Männer auszuwählen
und zusammen mit unseren lieben Brüdern Bárnabas und Paulus
zu euch zu schicken,
die beide für den Namen Jesu Christi, unseres Herrn,
ihr Leben eingesetzt haben.
Wir haben Judas und Sílas abgesandt,
die euch das Gleiche auch mündlich mitteilen sollten.
Denn der Heilige Geist und wir haben beschlossen,
euch keine weitere Last aufzuerlegen
als diese notwendigen Dinge:
Götzenopferfleisch, Blut, Ersticktes und Unzucht zu meiden.
Wenn ihr euch davor hütet,
handelt ihr richtig.
Lebt wohl!

6.2.2 Texte aus der Briefliteratur

13. Röm 6,3–11: Auf Christus getauft heißt mit Christus vereint. Epistel der Osternacht, Lesejahre A, B und C.

Brüder (und Schwestern)!+
Wir **alle**, die wir auf *Christus Jesus* ***getauft*** wurden,+
sind auf seinen **Tod** *getauft* worden. |
Wir wurden *mit ihm* ***begraben*** auf den **Tod**; | *
und wie ***Christus*** durch die ***Herrlichkeit*** des ***Vaters*** von den ***Toten*** **auferweckt** wurde,+
so sollen auch ***wir*** als **neue Menschen** *leben*. | *
Wenn wir nämlich ***ihm gleich*** geworden sind in seinem **Tod**,+
dann werden wir ***mit ihm*** auch in seiner **Auferstehung** *vereinigt* sein. | | *
Wir *wissen* doch:+
Unser ***alter*** Mensch wurde ***mitgekreuzigt***,+
damit der von der ***Sünde*** beherrschte **Leib** ***vernichtet*** werde
und wir *nicht* ***Sklaven der Sünde*** bleiben. | *
Denn wer ***gestorben*** ist, der ist ***frei*** geworden von der *Sünde*. | *
Sind wir nun *mit Christus* **gestorben**,+
so ***glauben*** wir,+ daß wir auch *mit ihm* **leben** werden. | *
Wir *wissen*,
daß ***Christus*** von den Toten **auferweckt**, *nicht mehr* ***stirbt***; | +
der **Tod** hat ***keine Macht*** mehr *über ihn*. | *
Denn durch sein **Sterben**
ist er ***ein für allemal*** **gestorben** für *die Sünde*,+
sein **Leben** aber ***lebt*** er für **Gott**. | | *
So sollt auch **ihr** euch als ***Menschen*** begreifen,
die für die ***Sünde*** **tot** sind,+
aber **für Gott** ***leben*** in *Christus Jesus*. | | *

14. 2 Kor 5,6–10: Die Ehre des Christen ist es, dem Herrn zu gefallen. Zweite Lesung am 11. Sonntag im Jahreskreis, Lesejahr B.

Brüder (und Schwestern)!
Wir sind immer zuversichtlich,
auch wenn wir wissen,
daß wir fern vom Herrn in der Fremde leben,

solange wir in diesem Leib sind;
denn als Glaubende gehen wir unseren Weg,
nicht als Schauende.
Weil wir aber zuversichtlich sind,
ziehen wir es vor, aus dem Leib auszuwandern
und daheim beim Herrn zu sein.
Deswegen suchen wir unsere Ehre darin, ihm zu gefallen,
ob wir daheim oder in der Fremde sind.
Denn wir alle
müssen vor dem Richterstuhl Christi offenbar werden,
damit jeder seinen Lohn empfängt
für das Gute oder Böse, das er im irdischen Leben getan hat.

15. Phil 3,17–4,1: Die wahre Heimat des Christen ist da, wo Christus ist. Zweite Lesung am 2. Fastensonntag, Lesejahr C.

Ahmt auch mich nach, Brüder (und Schwestern),
und achtet auf jene,
die nach dem Vorbild leben, das ihr an uns habt.
Denn viele – von denen ich oft zu euch gesprochen habe,
doch jetzt unter Tränen spreche –
leben als Feinde des Kreuzes Christi.
Ihr Ende ist das Verderben,
ihr Gott ist der Bauch;
ihr Ruhm besteht in ihrer Schande;
Irdisches haben sie im Sinn.
Unsere Heimat aber ist im Himmel.
Von dorther erwarten wir auch Jesus Christus, den Herrn, als Retter,
der unseren armseligen Leib verwandeln wird
in die Gestalt seines verherrlichten Leibes,
in der Kraft, mit der er sich alles unterwerfen kann.
Darum, meine geliebten Brüder (und Schwestern),
nach denen ich mich sehne,
meine Freude und mein Ehrenkranz,
steht fest in der Gemeinschaft mit dem Herrn, liebe Brüder (und Schwestern).

6.2.3 Texte aus der Offenbarung des Johannes

16. Offb 5,11–14: Die Vision vom Triumph der Erlösung in der Schöpfung. Zweite Lesung am 3. Sonntag in der Osterzeit, Lesejahr C.

Ich, ***Johannes***,
sah und hörte die *Stimme* von ***vielen Engeln***
rings um den *Thron*+ und um die *Lebewesen* und die *Ältesten*; | *
die ***Zahl*** der *Engel* war ***zehntausendmal zehntausend***
und ***tausendmal tausend***. | *
Sie ***riefen*** mit ***lauter*** *Stimme*: +
Würdig ist das ***Lamm***, das ***geschlachtet*** wurde, +
Macht zu empfangen,
Reichtum und ***Weisheit***, +
Kraft und ***Ehre***,
Herrlichkeit und ***Lob***. | *
Um *alle Geschöpfe* im ***Himmel*** und auf der **Erde**, +
unter der *Erde* und auf dem ***Meer***, +
alles, was in der *Welt* ist, hörte ich *sprechen*: | *
Ihm, der auf dem ***Thron*** sitzt, und dem ***Lamm***+
gebühren **Lob** und ***Ehre*** und **Herrlichkeit** und ***Kraft***+
in alle Ewigkeit. | | *
Und die vier *Lebewesen* sprachen: ***Amen***. |
Und die *vierundzwanzig Ältesten* ***fielen nieder***
und *beteten an*. | | *

17. Offb 21,1–5a: Ein Blick in die neue und unvergängliche Heimat des Menschen. Zweite Lesung am 5. Sonntag in der Osterzeit, Lesejahr C.

Ich, Johannes, sah einen neuen Himmel und eine neue Erde;
denn der erste Himmel und die erste Erde sind vergangen,
auch das Meer ist nicht mehr.
Ich sah die heilige Stadt, das neue Jerusalem,
von Gott her aus dem Himmel herabkommen;
sie war bereit wie eine Braut,
die sich für ihren Mann geschmückt hat.

Da hörte ich eine laute Stimme vom Thron her rufen:
Seht, die Wohnung Gottes unter den Menschen!
Er wird in ihrer Mitte wohnen,
und sie werden sein Volk sein;
und er, Gott, wird bei ihnen sein.
Er wird alle Tränen von ihren Augen abwischen:
Der Tod wird nicht mehr sein,
keine Trauer, keine Klage, keine Mühsal.
Denn was früher war, ist vergangen.
Er, der auf dem Thron saß, sprach:
Seht, ich mache alles neu.

6.2.4 Bemerkungen zur Passionsgeschichte

Die Passionsgeschichte Jesu kommt in der erneuerten Sonntagsliturgie ausführlicher zu Wort als bisher. Die Leidensgeschichte nach Matthäus erscheint dabei am Palmsonntag des Lesejahres A, die nach Markus am Palmsonntag des Lesejahres B und die nach Lukas am Palmsonntag des Lesejahres C. Die Johannespassion wird am Karfreitag aller drei Lesejahre vorgetragen.

Um den Bericht zu dramatisieren, ist die Lesung durch drei Personen vorgesehen, wobei eine den laufenden Text vorträgt, eine die Worte Jesu spricht und eine die sonstigen direkten Reden anderer Personen oder des Volkes liest. Da der Liturge der jeweiligen Gottesdienste üblicherweise die Worte Jesu übernimmt, bleiben für den Lektor oder die Lektorin sowohl der laufende Evangelientext wie die Reden der übrigen Personen. Sie sollen diesen Ehrendienst auch versehen.

Allgemein gilt, daß die Passionsgeschichten der Synoptiker, also nach Matthäus, Markus und Lukas, mehr Elemente eines authentischen Berichtes enthalten als andere Teile der Evangelien. Über weite Strecken hin verraten sie die Beobachtungen von Augenzeugen, wenn auch durch eine kürzere oder längere mündliche Traditionskette verformt. Das bedeutet, daß der Text vor allem von dem, der den fortlaufenden Bericht vorträgt, in nüchtern-sachlichem Ton dargeboten werden soll – ohne große Emotionen und mit sparsamer Intensität der

Satzmelodie und Betonung. Der dramatische Inhalt wirkt durch sich selbst.

Die Passion nach Johannes enthält bereits sehr stark theologisch gestaltete Teilstücke, welche die Göttlichkeit Jesu mitten in der Erniedrigung herausarbeiten. Trotzdem gilt hier für den Vortrag grundsätzlich das gleiche wie bei den Synoptikern.

Etwas anders liegen die Dinge bei dem oder der, welche die direkten Reden der anderen Personen und des Volkes artikulieren. Hier ist stärkerer Nachdruck angebracht. Auch größere Lautstärke, wie sie eben der erregten direkten Rede eigen ist, kann dabei eingesetzt werden. Eine vorherige Übung von Aussprache und Vortrag wäre wünschenswert und kommt einer eindrucksvollen Lesung zugute.

6.3 Texte aus den Psalmen

Zu den meistbenutzten biblischen Texten in der Meßliturgie überhaupt gehören die Psalmen. Sie erscheinen als Kurzzitate an unzähligen Stellen in Eröffnungsversen, Zwischengesängen (Antwortpsalm, Ruf vor dem Evangelium) und Kommunionversen. In der erneuerten Liturgie finden sie ausgiebig Verwendung in den Antwortpsalmen zwischen den Lesungen und dem Evangelium. Ursprünglich als echter Zwischen-»Gesang« ausgeführt, werden sie heute bestenfalls in Teilen vom Lektor oder dem Liturgen selbst vorgelesen. Da es sich bei den Psalmen um jahrtausendealtes, ehrwürdiges geistliches Liedgut handelt, verdienen sie größere Aufmerksamkeit und sorgfältige Darbietung.

Im hebräischen Urtext folgen die Psalmen ihrem Aufbau nach den Gesetzen damaliger orientalischer Poesie. Das Hebräische kannte weder Stab- noch Endreim sondern nur freie Rhythmen. Außerdem benutzte es als wesentliches Stilelement die Verdoppelung eines Gedankens in zwei einander ergänzenden Halbsätzen. Auch die Herausarbeitung von Kontrasten in einer zwei- oder mehrgliedrigen, einander korrespondierenden Aussage erfüllte die Kriterien dieser poetischen Regeln. Wesentliches Element für den Aufbau der Psalmen ist also die Zwei- oder Mehrgliedrigkeit einer Aussage.

Die Psalmen wurden von Anfang an in der christlichen Liturgie heimisch. Ihrem Liedcharakter entsprechend fanden sie Verwendung vorwiegend als Gesänge. Von antiken Vorbildern inspiriert, überlebten sie bis ins frühe Mittelalter als Sprechgesang mit einfachen melodischen Figuren am Anfang und Ende jedes Verses. Im Abendland fanden sie in lateinischer Sprache bald Eingang ins Stundengebet der Mönche. Gleichzeitig bereicherte der Psalmengesang die Ausgestaltung der Meßliturgie, wo er – mit Kehrversen in freien Rhythmen refrainartig unterbrochen – den Wortgottesdienst prägte.

Die Psalmodie erreichte im Mittelalter einen hohen musikalischen Standard; in dieser Form prägt sie den liturgischen Psalmengesang bis heute. Versuche, in modernen, dem überlieferten Vorbild nachempfundenen Tonsätzen den Psalmengesang in der Landessprache wiederzubeleben, hatten keinen nachhaltigen Erfolg. Weil er im Gemeindegottesdienst nie recht heimisch wurde, muß über sinnvolle Alternativen, wie die Psalmen dort einzubauen sind, neu nachgedacht werden.

Eine Möglichkeit sehe ich im Vortrag durch den Lektor oder der Lektorin, eventuell einander antwortend im Wechsel mit der Gemeinde. Dafür müssen diejenigen, die den Lektorendienst versehen, aber auch geschult sein. Deshalb sollen hier einige Grundregeln für diesen Vortrag festgehalten werden.

Die Struktur der hebräischen Poesie in zwei einander entsprechenden oder kontrastierenden Halbversen bedingt eine Zäsur zwischen beiden. Diese Pause von mindestens einer Sekunde ist wichtig, nicht nur, weil sie beide Elemente trennt, sondern auch um den Betern Muße zur Besinnung zu geben. Sie sollen den Inhalt des Vorgetragenen bedenken und verinnerlichen können.

Auf die Satzmelodie sollte der Lektor oder die Lektorin – wie übrigens auch die im Chor betende Gemeinde – weitgehend verzichten. Eine getragene, auf einem Tonniveau durchgehaltene Stimmlage entspricht am ehesten dem meditativen Charakter der meisten Psalmdichtungen. Die Betonung der wichtigsten Worte im Satzrhythmus sollte zwar erhalten bleiben, aber doch eher unter- als übertrieben werden. Der Ausdruck eines erhebenden Liedes kommt so am besten zur Geltung – vor allem, wenn der Psalm im Wechsel mit der Gemeinde gesprochen wird.

Als Übung sollen im folgenden drei Anwortpsalmen aus der Meßliturgie beispielsweise erarbeitet werden, wobei erneut nur beim ersten Vorschläge zur Betonung eingetragen sind. Bei den nachfolgenden soll der Lektor oder die Lektorin den korrekten Vortrag selbst finden – und üben! Das Zeichen * bedeutet die strikt einzuhaltende Pause zwischen den Halbversen.

Abschnitte aus Psalm 8, Verse 4–9. Antwortpsalm am Dreifaltigkeitssonntag, Lesejahr C.

Kehrvers: **Herr**, unser ***Herrscher***, wie **gewaltig** ist dein *Name* auf der *ganzen Erde*.

Psalm: Seh ich den **Himmel**, das ***Werk*** deiner *Finger*, *
Mond und ***Sterne***, die du *befestigt*: |
Was ist der **Mensch**, daß du an *ihn* denkst, *
des *Menschen* ***Kind***, daß du dich ***seiner*** annimmst? |
Du hast ihn nur *wenig* ***geringer*** gemacht als **Gott**, *
hast ihn mit **Herrlichkeit** und ***Ehre*** gekrönt. |
Du hast ihn als **Herrscher** eingesetzt über das ***Werk*** deiner *Hände*, *
hast ihm **alles** zu ***Füßen*** gelegt: |
all die ***Schafe***, ***Ziegen*** und ***Rinder*** *
und auch die *wilden* **Tiere**, |
die *Vögel* des ***Himmels*** und die *Fische* im ***Meer***, *
alles, was auf den ***Pfaden*** der *Meere dahinzieht*. | |

Kehrvers: **Herr**, unser ***Herrscher***, . . .

Abschnitte aus Psalm 51, Verse 3–4.5-6b.12–13.14.17. Anwortpsalm am Aschermittwoch, Lesejahre A, B und C.

Psalm: Erbarme dich unser, o Herr, denn wir haben gesündigt.

Kehrvers: Gott, sei mir gnädig nach deiner Huld, *
tilge meine Frevel nach deinem reichen Erbarmen! |
Wasch meine Schuld von mir ab, *
und mach mich rein von meiner Sünde! |
Denn ich erkenne meine bösen Taten, *
meine Sünde steht mir immer vor Augen. |
Gegen dich allein habe ich gesündigt, *
ich habe getan, was dir mißfällt. |
Erschaffe mir, Gott, ein reines Herz, *
und gib mir einen neuen, beständigen Geist! |
Verwirf mich nicht von deinem Angesicht, *
und nimm deinen heiligen Geist nicht von mir! |
Mach mich wieder froh mit deinem Heil; *
mit einem willigen Geist rüste mich aus! |
Herr, öffne mir die Lippen, *
und mein Mund wird deinen Ruhm verkünden. |

Kehrvers: Erbarme dich . . .

Abschnitte aus Psalm 110, Verse 1–5. Antwortpsalm am Fronleichnamsfest, Lesejahr C.

Kehrvers: Du bist Priester auf ewig nach der Ordnung Melchisedeks.

Psalm: So spricht der Herr zu meinem Herrn:
Setze dich zu meiner Rechten, *
und ich lege dir deine Feinde als Schemel unter die Füße. |
Von Zion strecke der Herr das Zepter deiner Macht aus; *
herrsche inmitten deiner Feinde! |
Dein ist die Herrschaft am Tag deiner Macht, *
wenn du erscheinst im heiligen Schmuck; |

ich habe dich gezeugt noch vor dem Morgenstern, *
wie der Tau in der Frühe. |
Der Herr hat geschworen, und nie wirds ihn reuen: *
Du bist Priester auf ewig nach der Ordnung Melchisedeks. |
Der Herr stehe dir zur Seite, *
er zerschmettert Könige am Tage seines Zorns. |

Kehrvers: Du bist Priester . . .

7. Kapitel

Hinweise zum Gebrauch des Mikrofons

In den meisten Kirchen ist heute eine Lautsprecheranlage installiert, auch wenn sie wegen der Größe und der Akustik der Räume manchmal nicht notwendig wäre. Wenn sie aber vorhanden ist, soll sie natürlich nicht nur zur Predigt, sondern auch für den Vortrag der liturgischen Lesungen benutzt werden.

Ein unbedachter und ungeübter Gebrauch der elektronischen Verstärkung der Stimme erzieht aber leider zur Mundfaulheit und mancherlei anderen Nachlässigkeiten. Wer sich allzusehr auf diese technischen Hilfsmittel verläßt, mißachtet häufig die erforderliche Sprechkultur. Der mühelos auch mit einer schwachen Stimme zu beherrschende Raum verführt allzu leicht zu mangelnder Sorgfalt in der Aussprache und im Vortrag.

Die mit elektronischen Mitteln erreichbare Übertragung der natürlichen Stimme kann selbstverständlich eine große Hilfe sein. Nur muß sich der Nutzer dieses Mediums genau nach den Möglichkeiten und Grenzen richten. Vor allem sollte jeder, der sich des Mikrofons und des Lautsprechers bedient, darüber im klaren sein, daß die elektronische Verstärkung seiner Stimme nur die Lautstärke vermehrt – nichts anderes. Sie korrigiert keinen Fehler, vor allem nicht eine nachlässige Aussprache – im Gegenteil. Die Lautsprecheranlage offenbart unbarmherzig und unbestechlich jeden Aussprachefehler, verzeiht vor allem nicht die geringste Nachlässigkeit in der Artikulation.

Die Vermehrung der natürlichen Lautstärke um ein Vielfaches hängt dabei entscheidend von zwei Faktoren ab: Von der Dimensionierung und Einstellung der gesamten Anlage und von der Entfernung des Sprechers vom Mikrofon. Bei modernen, hochempfindlichen Mikrofonen gilt als optimale

Entfernung vom Mund des Sprechers etwa 25 bis 30 Zentimeter. Der Verstärker muß dann entsprechend der natürlichen Stimme des Vortragenden so reguliert werden, daß sie den beschallten Raum gut ausfüllt.

Die beste Wirkung entfaltet eine Lautsprecheranlage, wenn der Sprecher seine natürliche Stimmlage und Stimmstärke einsetzt. Dann bedeutet die Nutzung des Mikrofons in der Tat einen großen Vorteil. Unter Einsatz der normalen, voll modulationsfähigen Stimme lassen sich so auch größere Räume mühelos beherrschen.

Die wichtigste Grundregel bei Benutzung eines Mikrofons lautet: Klare Aussprache der Vokale und sorgfältige Artikulation der Konsonanten. Letzteres gilt besonders für die Schlußsilben. Nichts ist schlimmer, als ein durch die Zähne gepreßter Wortbrei, der durch die Lautsprecheranalge nur verstärkt wird und vom Zuhörer überwiegend als Schallbelästigung empfunden wird. Lediglich tönende Vokale von sich zu geben, ist für die Zuhörer weitgehend unverständlich. Denken Sie immer daran, daß erst die Konsonanten dem gesprochene Wort den Sinn aufprägen!

In nicht allzu großen oder überakustischen Räumen erlaubt die Benutzung des Mikrofons außerdem eine schnelle Sprechweise. Sie soll auch durchaus angewandt werden. Anfänger begehen am Mikrofon oft den Fehler, zu langsam zu sprechen, was langweilig wirkt und den Zuhörer ermüdet. Natürlich darf eine flottere Wortfrequenz nicht dazu führen, daß sich der Sprecher verhaspelt. Dann lieber langsamer!

Im übrigen gilt wie für Aussprache und Vortrag so auch bei Nutzung elektronischer Sprechhilfen: Übung macht den Meister! Scheuen Sie nicht Übungen vor leeren Bänken! Wichtig ist aber, daß Sie unbestechliche Zuhörer um Kritik bitten und sich vor allem etwas sagen lassen, wenn Kritik laut wird. *Denn oberstes Ziel des Lektors oder der Lektorin muß doch immer bleiben, Gottes Wort nicht nur verständig, sondern auch für alle verständlich vorzutragen.*